本書の特色と使い方

ゆっくりていねいに、段階を追った学習ができます。支援学級などでの個別指導にも最適です。

・問題量に配慮した、ゆったりとした紙面構成で、読み書きが苦手な子どもでも、ゆっくりていねいに段階を追って学習することができます。
・漢字が苦手な子どもでも学習意欲が減退しないように、問題文の全ての漢字にふりがなを記載しています。

光村図書国語教科書から抜粋した詩・物語・説明文教材、ことば・文法教材の問題を掲載しています。

・教科書掲載教材を使用して、授業の進度に合わせて予習・復習ができます。
・目次に［教科書］マークがついている単元は、教科書の本文が掲載されていません。教科書をよく読んで学習しましょう。

どの子も理解できるよう、文章読解を支援する工夫をしています。

・長い文章の読解問題の場合は、読みとりやすいように、問題文を二つなどに区切って、問題文と設問に［1］、［2］…と番号をつけ、短い文章から読みとれるよう配慮しました。
・読解のワークシートでは、設問の中で着目すべき言葉に傍線（サイドライン）を引いておきました。
・記述解答が必要な設問については、答えの一部をあらかじめ解答欄に記載しておきました。

学習意欲をはぐくむ工夫をしています。

・解答欄をできるだけ広々と書きやすいよう配慮しています。
・内容を理解するための説明イラストなども多数掲載しています。イラストは色塗りなども楽しめます。

※ワークシートの解答例について（お家の方や先生方へ）
本書の解答は、あくまでもひとつの「解答例」です。お子さまに取り組ませる前に、必ず指導される方が問題を解いてください。指導される方の作られた解答をもとに、お子さまの多様な考えに寄り添って○つけをお願いします。

ゆっくり　ていねいに学べる

国語教科書支援ワーク

（光村図書の教材より抜粋）

もくじ　5-②

（季節の言葉3）秋の夕暮れ「枕草子」……4
（季節の言葉3）秋の夕暮れ……5
よりよい学校生活のために……6
意見が対立したときには……8
固有種が教えてくれること……9
（情報）統計資料の読み方……16
グラフや表を用いて書こう……17
古典芸能の世界——語りで伝える……19
カンジー博士の暗号解読……21
古典の世界（二）論語……25
古典の世界（二）漢詩「春暁」……26
やなせたかし——アンパンマンの勇気　教科書……27
あなたは、どう考える……29
（季節の言葉4）冬の朝「枕草子」……31
（季節の言葉4）冬の朝……32

生活の中で詩を楽しもう「するめ」「路」 …… 33
生活の中で詩を楽しもう「一ぽんの木は」「土」 …… 34
（言葉）方言と共通語 …… 35
ニュースを伝えるマスメディア …… 36
（言葉）複合語 …… 39
伝わる表現を選ぼう …… 45
この本、おすすめします …… 46
提案しよう、言葉とわたしたち …… 48
（言葉）日本語の表記 …… 51
大造じいさんとガン …… 53
雪の夜明け …… 66
天気を予想する …… 70
言葉のたから箱 …… 74
解答例 …… 78

季節《きせつ》の言葉《ことば》3

秋《あき》の夕暮《ゆうぐ》れ

(1)(枕草子《まくらのそうし》　秋《あき》)

名前

● 次《つぎ》の清少納言《せいしょうなごん》が書《か》いた「枕草子《まくらのそうし》」の文章《ぶんしょう》を二回音読《にかいおんどく》し、意味《いみ》の文《ぶん》も読《よ》んで、答《こた》えましょう。

1

〈もとの文《ぶん》〉

秋《あき》は夕暮《ゆうぐ》れ。夕日《ゆうひ》のさして山《やま》の端《は》いと近う(ちこう)なりたるに、烏《からす》のねどころへ行《い》くとて、三《みっ》つ四《よっ》つ、二《ふた》つ三《みっ》つなど、飛《と》びいそぐさへ(え)㋐あはれ(わ)なり。まいて雁《かり》などのつらねたるが、いと小《ちい》さく見《み》ゆるはいと㋑をかし(お)。

(意味《いみ》の文《ぶん》)

秋《あき》は夕暮《ゆうぐ》れがよい。夕日《ゆうひ》が差《さ》して、山《やま》にとても近《ちか》くなったころに、烏《からす》がねぐらに行《い》こうとして、三羽《さんわ》四羽《よんわ》、二羽《にわ》三羽《さんわ》などと、急《いそ》いで飛《と》んでいく様子《ようす》までしみじみとしたものを感《かん》じさせる。まして、雁《かり》などが列《れつ》を作《つく》っているのが、とても小《ちい》さく見《み》えるのは、たいへん味《あじ》わい深《ぶか》いものだ。

2

〈もとの文《ぶん》〉

日入《ひい》り果《は》てて、風《かぜ》の音《おと》、虫《むし》の音《ね》など、はた言《い》ふ(ふ)べきにあらず。

(意味《いみ》の文《ぶん》)

日《ひ》がすっかりしずんでしまって、風《かぜ》の音《おと》や虫《むし》の音《ね》などがするのも、言《い》い表《あらわ》しようがなくよいものだ。

(令和二年度版　光村図書　国語五　銀河　「季節の言葉3　秋の夕暮れ」による)

1

(1) 秋《あき》は、一日《いちにち》のうちのいつがよいといっていますか。(習《なら》っていない漢字《かんじ》はひらがなで書《か》きましょう。)

(2) ㋐あはれ(わ)なり、㋑をかし(お)とは、どんな意味《いみ》ですか。(意味《いみ》の文《ぶん》)から書《か》き出《だ》しましょう。

㋐ あはれなり

[　　　　　　　　]ものを感《かん》じさせる。

㋑ をかし

[　　　　　　　　]ものだ。

(3) 作者《さくしゃ》は、何《なん》という生《い》き物《もの》が飛《と》ぶ様子《ようす》がよいといっていますか。二《ふた》つに○をつけましょう。

(　)はと　(　)からす

(　)かり　(　)ちょう

2

日《ひ》がしずんでからも、どんな音《おと》が聞《き》こえるのはよいものだといっていますか。言葉《ことば》を二《ふた》つ、それぞれ三文字《さんもじ》で書《か》きましょう。

季節《きせつ》の言葉《ことば》3

秋《あき》の夕暮《ゆうぐ》れ (2)

名前

(1) 次《つぎ》の言葉《ことば》の意味《いみ》が完成《かんせい》するように、（　）にあてはまる言葉《ことば》を［　］から選《えら》んで書《か》きましょう。

① 秋《あき》の夜長《よなが》

夜長《よなが》とは、夜《よる》が長《なが》く感《かん》じられることをいう。夜《よる》が長《なが》くなってくる秋《あき》には、空気《くうき》がすみ、（　　　）がきれいに見《み》えるようになる。

［ 月《つき》 ・ 太陽《たいよう》 ］

② 行《ゆ》く秋《あき》

すぎさっていく秋《あき》のこと。秋《あき》が終《お》わろうとするのを（　　　）思《おも》う気持《きも》ちがこもった言葉《ことば》。

［ うれしく ・ さびしく ］

(2) 次《つぎ》の俳句《はいく》を読《よ》んで、答《こた》えましょう。

星月夜《ほしづきよ》空《そら》の高《たか》さよ大《おお》きさよ　　江左《こうさ》　尚白《しょうはく》

※星月夜《ほしづきよ》…まるで月夜《つきよ》のように星《ほし》が明《あか》るく光《ひか》る夜《よる》のこと。月《つき》が出《で》ていない秋《あき》の夜《よる》の星空《ほしぞら》を表《あらわ》す。

（令和二年度版　光村図書　国語五　銀河「季節の言葉3　秋の夕暮れ」による）

① 五《ご》・七《しち》・五《ご》のリズムで読《よ》めるように、上《うえ》の俳句《はいく》を／線《せん》で区切《くぎ》りましょう。

② 作者《さくしゃ》は「星月夜《ほしづきよ》」の何《なに》に感動《かんどう》していますか。一《ひと》つに○をつけましょう。

（　）たくさんの星《ほし》の数《かず》。

（　）星空《ほしぞら》の高《たか》さと大《おお》きさ。

（　）空《そら》にうかぶ月《つき》の高《たか》さと大《おお》きさ。

よりよい学校生活《がっこうせいかつ》のために (1)

名前

教科書《きょうかしょ》の「よりよい学校生活《がっこうせいかつ》のために」を読《よ》んで、答《こた》えましょう。

(1) よりよい学校生活《がっこうせいかつ》のために、グループで話《はな》し合《あ》いを行《おこな》います。次《つぎ》の①〜⑤は、その活動《かつどう》の流《なが》れです。（　）にあてはまる言葉《ことば》を□から選《えら》んで書《か》きましょう。

① 学校生活《がっこうせいかつ》の中《なか》から、身近《みぢか》な課題《かだい》を見《み》つけ、（　　）を決《き》める。

② 議題《ぎだい》に対《たい》して、自分《じぶん》の（　　）を明確《めいかく》にする。

③ 話《はな》し合《あ》いのしかたを確《たし》かめ、（　　）を立《た》てる。

④ 計画《けいかく》にそって、（　　）で話《はな》し合《あ》う。

⑤ グループで話《はな》し合《あ》ったことを（　　）で共有《きょうゆう》し、感想《かんそう》を伝《つた》え合《あ》う。

・議題《ぎだい》　・進行計画《しんこうけいかく》　・立場《たちば》
・クラス　・グループ

(2) 「学校《がっこう》で、けがをへらすには、どうすればいいか。」という議題《ぎだい》のとき、議題《ぎだい》に関《かか》わる現状《げんじょう》と問題点《もんだいてん》を挙《あ》げ、それに対《たい》する自分《じぶん》の考《かんが》えを書《か》き出《だ》して表《ひょう》に整理《せいり》しました。次《つぎ》の①〜③にあてはまる言葉《ことば》を□から選《えら》んで、記号《きごう》で書《か》きましょう。

①（　　）	最近《さいきん》、学校内《がっこうない》でけがをする人《ひと》が多《おお》い。
②（　　）	○○委員会《いいんかい》で、「ろう下《か》や階段《かいだん》を走《はし》らない」とよびかけるポスターを作成《さくせい》して、はる。
③（　　）	委員会《いいんかい》が中心《ちゅうしん》になれば、全校《ぜんこう》で取《と》り組《く》めると思《おも》うから。

㋐ 理由《りゆう》　㋑ 現状《げんじょう》と問題点《もんだいてん》　㋒ 解決方法《かいけつほうほう》

よりよい学校生活《がっこうせいかつ》のために (2)

名前

教科書《きょうかしょ》の「よりよい学校生活《がっこうせいかつ》のために」を読《よ》んで、答《こた》えましょう。

● よりよい学校生活《がっこうせいかつ》のために、議題《ぎだい》を決《き》めて、グループで話《はな》し合《あ》いをしています。次《つぎ》の、話《はな》し合《あ》いの一部分《いちぶぶん》の文章《ぶんしょう》を読《よ》んで、問題《もんだい》に答《こた》えましょう。

山本《やまもと》　それでは、今《いま》から「階段《かいだん》やろう下《か》をきれいに保《たも》つために」という議題《ぎだい》で話《はな》し合《あ》いを始《はじ》めます。まず、川田《かわた》さん、意見《いけん》をお願《ねが》いします。

川田《かわた》　はい。階段《かいだん》もろう下《か》もすぐにごみがたまってしまっています。そこで、わたしは、みんなでごみを拾《ひろ》う取《と》り組《く》みについて、美化委員会《びかいいんかい》から全校《ぜんこう》によびかけてもらってはどうかと考《かんが》えました。

中村《なかむら》　㋐、美化委員会《びかいいんかい》からよびかけしてもらうといいと考《かんが》えたのですか。

川田《かわた》　それは、委員会《いいんかい》が中心《ちゅうしん》になれば、全校《ぜんこう》で取《と》り組《く》めると思《おも》うからです。

谷口《たにぐち》　いい考《かんが》えだと思《おも》うのですが、美化委員会《びかいいんかい》は、今《いま》、ごみの分別《ぶんべつ》活動《かつどう》に取《と》りかかっています。だから、すぐに取《と》り組《く》んでもらうのはむずかしいとぼくは思《おも》います。このことは、どのようにすればいいと考《かんが》えていますか。

(1) どんな議題《ぎだい》で話《はな》をしていますか。

(2) 司会役《しかいやく》をしている人《ひと》は、だれですか。

　　　　さん

(3) 川田《かわた》さんの意見《いけん》に対《たい》して、中村《なかむら》さんは、理由《りゆう》をきく質問《しつもん》をしています。㋐にあてはまる言葉《ことば》を一《ひと》つ選《えら》んで○をつけましょう。

（　）どのようにして
（　）どうして
（　）だれが

(4) 話《はな》し合《あ》いの中《なか》で、自分《じぶん》の考《かんが》えを示《しめ》した上《うえ》で、質問《しつもん》しているのは、だれですか。

　　　　さん

意見《いけん》が対立《たいりつ》したときには

名前

教科書《きょうかしょ》の「意見《いけん》が対立《たいりつ》したときには」を読《よ》んで、答《こた》えましょう。

(1) 意見《いけん》が対立《たいりつ》したとき、たがいの意見《いけん》をしっかり聞《き》き合《あ》うために使《つか》う、次《つぎ》の①〜④の言葉《ことば》は、どのような働《はたら》きをする言葉《ことば》といえますか。下《した》から選《えら》んで、——線《せん》で結《むす》びましょう。

① 「どうしてそう思《おも》うのですか。」 ・

② 「それなら、こうしたらどうでしょうか。」 ・

③ 「確《たし》かに、その考《かんが》え方《かた》も分《わ》かります。」 ・

④ 「なぜかというと、——だからです。」 ・

・ 「理解《りかい》した」ということを伝《つた》える言葉《ことば》。

・ 相手《あいて》に考《かんが》えや理由《りゆう》をたずねる言葉《ことば》。

・ 自分《じぶん》の考《かんが》えの理由《りゆう》を伝《つた》える言葉《ことば》。

・ 話《はなし》に区切《くぎ》りをつけ、次《すす》へ進《すす》める言葉《ことば》。

(2) 意見《いけん》が対立《たいりつ》したときには、どんなことが大切《たいせつ》ですか。あてはまるもの二《ふた》つに○をつけましょう。

（　）たがいの意見《いけん》をしっかり聞《き》き合《あ》い、受《う》け止《と》め、話《はなし》を進《すす》めていくこと。

（　）相手《あいて》に負《ま》けないように、自分《じぶん》の思《おも》いだけを言《い》い続《つづ》けること。

（　）自分《じぶん》の考《かんが》えを否定《ひてい》する意見《いけん》を言《い》われても、その人《ひと》のことを悪《わる》く思《おも》わないようにすること。

固有種《こゆうしゅ》が教《おし》えてくれること (1)

名前

● 次《つぎ》の文章《ぶんしょう》を二回《にかい》読《よ》んで、答《こた》えましょう。

[1]

ウサギといえば、耳《みみ》が長《なが》くてぴょんぴょんはねる、鳴《な》かない動物《どうぶつ》――そう考《かんが》える人《ひと》が多《おお》いのではないでしょうか。しかし、アマミノクロウサギという種《しゅ》はちがいます。耳《みみ》は約五《やくご》センチメートルと短《みじか》く、ジャンプ力《りょく》は弱《よわ》く、そのうえ「ピシー」という高《たか》い声《こえ》で鳴《な》くのです。

※アマミノクロウサギ…古《ふる》いすがた・形《かたち》を残《のこ》したウサギ。鹿児島県《かごしまけん》の奄美大島《あまみおおしま》など一部《いちぶ》の地域《ちいき》だけに生息《せいそく》する。

※種《しゅ》…生《い》きものを分《わ》ける単位《たんい》の一《ひと》つ。

[2]

㋐このウサギは、日本《にほん》だけに生息《せいそく》しています。このような、特定《とくてい》の国《くに》やちいきにしかいない動植物《どうしょくぶつ》のことを「固有種《こゆうしゅ》」といいます。

※生息《せいそく》…生物《せいぶつ》がすみついて生《い》きていること。

※特定《とくてい》の国《くに》…ある決《き》まった国《くに》。

（令和二年度版　光村図書　国語五　銀河　今泉《いまいずみ》　忠明《ただあき》）

[1]

(1) 何《なん》という生《い》きもののことを説明《せつめい》しようとしていますか。○をつけましょう。

（　）ウサギ

（　）アマミノクロウサギ

(2) アマミノクロウサギの特徴《とくちょう》にあてはまるものを、①〜③でそれぞれ一《ひと》つずつ選《えら》んで○をつけましょう。

① 耳《みみ》の長《なが》さ

（　）長《なが》い。

（　）約五《やくご》センチメートルと短《みじか》い。

② ジャンプ力《りょく》

（　）弱《よわ》い。

（　）強《つよ》くてぴょんぴょんはねる。

③ 鳴《な》き声《ごえ》

（　）「ピシー」と高《たか》い声《こえ》で鳴《な》く。

（　）鳴《な》かない。

[2]

(1) ㋐このウサギとは、何《なん》というウサギですか。

(2) 「固有種《こゆうしゅ》」とは、どのようなもののことをいいますか。文中《ぶんちゅう》の言葉《ことば》で書《か》き出《だ》しましょう。

のこと。

（※「日本《にほん》」は「にっぽん」とも読《よ》みます。）

固有種《こゆうしゅ》が教《おし》えてくれること（2）

名前

● 次《つぎ》の文章《ぶんしょう》を二回《にかい》読《よ》んで、答《こた》えましょう。

1

［アマミノクロウサギのように、特定《とくてい》の国《くに》やちいきにしかいない動植物《どうしょくぶつ》のことを「固有種《こゆうしゅ》」といいます。］

固有種《こゆうしゅ》には、古《ふる》い時代《じだい》から生《い》き続《つづ》けている種《しゅ》が多《おお》くいます。アマミノクロウサギも、およそ三百万年《さんびゃくまんねん》以上前《いじょうまえ》からほぼそのままのすがたで生《い》きてきたとされる、めずらしいウサギです。

2

㋐このウサギと比《くら》べることで、「耳《みみ》が長《なが》い」「ぴょんぴょんはねる」「鳴《な》かない」というふつうのウサギの特徴《とくちょう》が、長《なが》い進化《しんか》の過程《かてい》で手《て》に入《い》れられたものなのだということが分《わ》かります。

※過程《かてい》…（進化《しんか》が）始《はじ》まってから、ある結果《けっか》になるまでの道《みち》すじ。

（令和二年度版　光村図書　国語五　銀河　今泉《いまいずみ》　忠明《ただあき》）

1

(1) 固有種《こゆうしゅ》には、どんな種《しゅ》が多《おお》くいるといっていますか。

［　　　　］から生《い》き続《つづ》けている種《しゅ》。

(2) アマミノクロウサギは、どんなところが、めずらしいウサギだといっていますか。文中《ぶんちゅう》の言葉《ことば》で書《か》き出《だ》しましょう。

［　　　　］とされているところ。

2

(1) ㋐このウサギとは、何《なん》というウサギのことですか。

(2) 進化《しんか》したウサギには、どのような特徴《とくちょう》がありますか。文中《ぶんちゅう》から三《みっ》つ書《か》き出《だ》しましょう。

固有種《こゆうしゅ》が教《おし》えてくれること　(3)

名前

● 次《つぎ》の文章《ぶんしょう》を二回《にかい》読《よ》んで、答《こた》えましょう。

1

〔アマミノクロウサギと比《くら》べることで、ふつうのウサギの特徴《とくちょう》が、長《なが》い進化《しんか》の過程《かてい》で手《て》に入《い》れられたものなのだと分かります。〕

固有種《こゆうしゅ》と他《ほか》の種《しゅ》とを比《くら》べることは、生物《せいぶつ》の進化《しんか》の研究《けんきゅう》にとても役立《やくだ》つのです。

2

日本《にほん》には、固有種《こゆうしゅ》がたくさん生息《せいそく》するゆたかな環境《かんきょう》があります。わたしは、この固有種《こゆうしゅ》たちがすむ日本《にほん》の環境《かんきょう》を、できるだけ残《のこ》していきたいと考《かんが》えています。

※生息《せいそく》…生物《せいぶつ》がすみついて生《い》きていること。

(令和二年度版　光村図書　国語五　銀河　今泉《いまいずみ》　忠明《ただあき》)

1

(1) 「アマミノクロウサギとふつうのウサギを比《くら》べること」を別《べつ》の言《い》い方《かた》で言《い》い直《なお》しています。文中《ぶんちゅう》の言葉《ことば》で書《か》きましょう。

［　　　］と［　　　］とを比《くら》べること。

(2) 固有種《こゆうしゅ》と他《ほか》の種《しゅ》を比《くら》べることは、どんなことにとても役立《やくだ》つといっていますか。

［　　　］

2

(1) 日本《にほん》には、どんな環境《かんきょう》があるといっていますか。文中《ぶんちゅう》の言葉《ことば》で書《か》き出《だ》しましょう。

［　　　］環境《かんきょう》。

(2) 筆者《ひっしゃ》が、日本《にほん》の環境《かんきょう》について考《かんが》えていることは、どんなことですか。

［　　　］たちがすむ日本《にほん》の環境《かんきょう》を、［　　　］ということ。

(※「日本《にほん》」は「にっぽん」とも読《よ》みます。)

固有種《こゆうしゅ》が教《おし》えてくれること (4)

名前

● 次《つぎ》の文章《ぶんしょう》を二回《にかい》読《よ》んで、答《こた》えましょう。

1

日本《にほん》に固有種《こゆうしゅ》が多《おお》いことは、同《おな》じように大陸《たいりく》に近《ちか》いところにある島国《しまぐに》イギリスと比《くら》べるとよく分《わ》かります。ユーラシア大陸《たいりく》をはさんで東《ひがし》に日本列島《にほんれっとう》、西《にし》にイギリス諸島《しょとう》があります。

2

それぞれの国《くに》の陸地《りくち》にすむ陸生《りくせい》ほ乳類《にゅうるい》の種《しゅ》の数《かず》を比《くら》べてみましょう。日本《にほん》には、アマミノクロウサギをはじめ、百七種《ひゃくななしゅ》がいて、そのうち半数《はんすう》近《ちか》くの四十八種《よんじゅうはっしゅ》が固有種《こゆうしゅ》です。一方《いっぽう》のイギリスには、ハリネズミ、ヨーロッパヤマネコなど四十二種《よんじゅうにしゅ》がいますが、固有種《こゆうしゅ》はゼロ。イギリスにすんでいるほ乳類《にゅうるい》は、全《すべ》て対岸《たいがん》のユーラシア大陸《たいりく》と同《おな》じ種《しゅ》なのです。

※陸生《りくせい》ほ乳類《にゅうるい》…陸上《りくじょう》にくらすほ乳類《にゅうるい》のこと。

資料《しりょう》1:日本《にほん》とイギリスの陸生《りくせい》ほ乳類《にゅうるい》(国立科学博物館資料《こくりつかがくはくぶつかんしりょう》より)

	国土面積《こくどめんせき》	陸生《りくせい》ほ乳類《にゅうるい》の種《しゅ》の数《かず》(うち固有種《こゆうしゅ》)	1万《まん》㎢あたりの種《しゅ》の数《かず》(うち固有種《こゆうしゅ》)
日本《にほん》	約《やく》37.8万《まん》㎢	107種《しゅ》(48種《しゅ》)	2.83種《しゅ》(1.27種《しゅ》)
イギリス	約《やく》24.3万《まん》㎢	42種《しゅ》(0種《しゅ》)	1.73種《しゅ》(0種《しゅ》)

(令和二年度版　光村図書　国語五　銀河　今泉《いまいずみ》　忠明《ただあき》)

1

(1) 日本《にほん》に固有種《こゆうしゅ》が多《おお》いことは、何《なん》という国《くに》と比《くら》べると、よく分《わ》かりますか。

(2) 日本列島《にほんれっとう》とイギリス諸島《しょとう》にはさまれているのは、何《なん》という大陸《たいりく》ですか。

2

(1) 日本《にほん》とイギリスの、何《なに》を比《くら》べていますか。○をつけましょう。

( ) 陸地《りくち》の面積《めんせき》。
( ) 陸生《りくせい》ほ乳類《にゅうるい》の種《しゅ》の数《かず》。

(2) 日本《にほん》とイギリスの、陸生《りくせい》ほ乳類《にゅうるい》の種《しゅ》の数《かず》のうち、固有種《こゆうしゅ》の数《かず》をそれぞれ書《か》きましょう。

・日本《にほん》
・イギリス

(3) イギリスの固有種《こゆうしゅ》の数《かず》から、どんなことがいえますか。○をつけましょう。

( ) イギリスには固有種《こゆうしゅ》がいない。
( ) イギリスにも多《おお》くの固有種《こゆうしゅ》がいる。

(※「日本《にほん》」は「にっぽん」とも読《よ》みます。)

固有種《こゆうしゅ》が教《おし》えてくれること (5)

名前

● 次《つぎ》の文章《ぶんしょう》を二回《にかい》読《よ》んで、答《こた》えましょう。

1

日本《にほん》に固有種《こゆうしゅ》が多《おお》いわけは、日本列島《にほんれっとう》の成《な》り立《た》ちに関係《かんけい》があります。日本列島《にほんれっとう》は、はるか昔《むかし》、大陸《たいりく》と陸続《りくつづ》きでした。このとき、多《おお》くの動物《どうぶつ》が、大陸《たいりく》からわたってきたとされています。

2

その後《ご》、日本列島《にほんれっとう》は、長《なが》い年月《ねんげつ》をかけて大陸《たいりく》から切《き》りはなされていきます。野生生物《やせいせいぶつ》の分布《ぶんぷ》をもとにすると、日本列島《にほんれっとう》は北《きた》から北海道《ほっかいどう》、本土《ほんど》（本州《ほんしゅう》・四国《しこく》・九州《きゅうしゅう》）、南西諸島《なんせいしょとう》の三《みっ》つのちいきに分《わ》けられますが、それは、大陸《たいりく》から切《き》りはなされて島《しま》になった時期《じき》が、それぞれのちいきでことなるためです。

※ことなる…ちがう。

（令和二年度版　光村図書　国語五　銀河　今泉《いまいずみ》　忠明《ただあき》）

1

(1) 日本《にほん》に固有種《こゆうしゅ》が多《おお》いわけは、何《なに》に関係《かんけい》がありますか。

(2) 多《おお》くの動物《どうぶつ》が大陸《たいりく》から日本列島《にほんれっとう》にわたってきたのは、はるか昔《むかし》、日本《にほん》列島《れっとう》がどうなっていたときでしたか。

大陸《たいりく》と［　　　］だったとき。

2

(1) 日本《にほん》は、どこから切《き》りはなされていきましたか。

(2) 日本列島《にほんれっとう》は、どのような三《みっ》つのちいきに分《わ》けられるといっていますか。北《きた》からじゅんに文中《ぶんちゅう》の言葉《ことば》で書《か》きましょう。

（習《なら》っていない言葉《ことば》は、ひらがなで書《か》きましょう。）

（※「日本《にほん》」は「にっぽん」とも読《よ》みます。）

固有種《こゆうしゅ》が教《おし》えてくれること (6)

名前

● 教科書《きょうかしょ》の「固有種《こゆうしゅ》が教《おし》えてくれること」の全文《ぜんぶん》を読《よ》んだ後《あと》、次《つぎ》の文章《ぶんしょう》を二回《にかい》読《よ》んで、答《こた》えましょう。

1

　このようなことから、日本列島《にほんれっとう》には数百万年前《すうひゃくまんねんまえ》に出現《しゅつげん》したものをはじめ、さまざまな時代《じだい》から㋐生《い》き続《つづ》けているほ乳類《にゅうるい》が見《み》られ、そのほぼ半数《はんすう》が固有種《こゆうしゅ》なのです。

2

　では、㋑このさまざまな動物《どうぶつ》たちが何万年《なんまんねん》も生《い》き続《つづ》けることができたのはなぜでしょう。それは、日本列島《にほんれっとう》が南北《なんぼく》に長《なが》いため、寒《さむ》いちいきからあたたかいちいきまでの気候的《きこうてき》なちがいが大《おお》きく、地形的《ちけいてき》にも、平地《へいち》から標高三千《ひょうこうさんぜん》メートルをこす山岳地帯《さんがくちたい》まで変化《へんか》に富《と》んでいるからです。そのおかげで、さまざまな動物《どうぶつ》たちがくらせる、ゆたかで多様《たよう》な環境《かんきょう》が形《かたち》づくられたのです。

※標高《ひょうこう》…海水面《かいすいめん》から測《はか》った陸地《りくち》の高《たか》さ。
※山岳《さんがく》…高《たか》い山々《やまやま》。
※多様《たよう》な…さまざまな。

（令和二年度版　光村図書　国語五　銀河　今泉《いまいずみ》　忠明《ただあき》）

1　㋐そのほぼ半数《はんすう》とは、何《なん》の半数《はんすう》ですか。（習《なら》っていない漢字《かんじ》は、ひらがなで書《か》きましょう。）

［さまざまな時代《じだい》から生《い》き続《つづ》けている［　　　　］の半数《はんすう》。］

2
(1) ㋑さまざまな動物《どうぶつ》たちが…なぜでしょう。とありますが、その理由《りゆう》は何《なん》だといっていますか。二《ふた》つ選《えら》んで○をつけましょう。

（　）どの動物《どうぶつ》も、大《おお》きくて強《つよ》かったから。
（　）日本《にほん》は、気候的《きこうてき》なちがいが大《おお》きいから。
（　）日本《にほん》の地形《ちけい》は、変化《へんか》に富《と》んでいるから。

(2) 日本《にほん》の気候的《きこうてき》なちがいが大《おお》きいのは、なぜですか。文中《ぶんちゅう》の言葉《ことば》で書《か》き出《だ》しましょう。

［　　　　］

(3) ちがいの大《おお》きい気候《きこう》や、変化《へんか》に富《と》んだ地形《ちけい》のおかげで、日本列島《にほんれっとう》に形《かたち》づくられたのは、どんな環境《かんきょう》でしたか。

［さまざまな動物《どうぶつ》たちがくらせる、［　　　　］環境《かんきょう》。］

（※「日本《にほん》」は「にっぽん」とも読《よ》みます。）

固有種《こゆうしゅ》が教《おし》えてくれること (7)

名前

● 次《つぎ》の文章《ぶんしょう》を二回《にかい》読《よ》んで、答《こた》えましょう。

1

〔動物《どうぶつ》たちが何万年《なんまんねん》も生《い》き続《つづ》けることができたのは、南北《なんぼく》に長《なが》い日本列島《にほんれっとう》では、気候《きこう》のちがいが大《おお》きく、地形的《ちけいてき》にも変化《へんか》に富《と》んでいるからです。〕

そのおかげで、さまざまな動物《どうぶつ》たちがくらせる、ゆたかで多様《たよう》な環境《かんきょう》が形《かたち》づくられたのです。㋐日本《にほん》にやって来《き》た動物《どうぶつ》たちは、それぞれ自分《じぶん》に合《あ》った場所《ばしょ》を選《えら》んだことで生《い》きぬくことができたのでしょう。そして、㋑その場所《ばしょ》は、今日《こんにち》まで長《なが》く保《たも》たれてきました。

2

固有種《こゆうしゅ》が生《い》き続《つづ》けていくためには、このゆたかな環境《かんきょう》が㋒保全《ほぜん》される必要《ひつよう》があるのです。

(令和二年度版　光村図書　国語五　銀河　今泉《いまいずみ》　忠明《ただあき》)

1

(1) ㋐日本《にほん》にやって来《き》た動物《どうぶつ》たちは、何《なに》を選《えら》んだことで、生《い》きぬくことができたのですか。

(2) ㋑その場所《ばしょ》とは、どんな場所《ばしょ》のことですか。○をつけましょう。

(　) 日本《にほん》にやって来《く》る前《まえ》に、それぞれの動物《どうぶつ》がくらしていた場所《ばしょ》。

(　) さまざまな動物《どうぶつ》たちがそれぞれ選《えら》んだ、自分《じぶん》に合《あ》った場所《ばしょ》。

2

(1) ㋒保全《ほぜん》とは、どんな意味《いみ》ですか。○をつけましょう。

(　) そのまま変《か》わらないようにして守《まも》っていること。

(　) よりよく変《か》えていくこと。

(2) 固有種《こゆうしゅ》が生《い》き続《つづ》けていくために必要《ひつよう》なのは、どのようなことですか。○をつけましょう。

(　) 環境《かんきょう》をもっと変《か》えていくこと。

(　) ゆたかで多様《たよう》な環境《かんきょう》をそのまま残《のこ》すこと。

(※「日本《にほん》」は「にっぽん」とも読《よ》みます。)

情報《じょうほう》 統計《とうけい》資料《しりょう》の読《よ》み方《かた》

名前

(1) 次《つぎ》の㋐、㋑は、どちらも、ある小学校《しょうがっこう》の図書館《としょかん》の利用人数《りようにんずう》について調《しら》べた結果《けっか》を表《あらわ》したグラフです。同《おな》じ内容《ないよう》を表《あらわ》している二《ふた》つのグラフを見《み》て、問題《もんだい》に答《こた》えましょう。

〈○○小学校《しょうがっこう》の図書館《としょかん》の利用人数《りようにんずう》〉

㋐

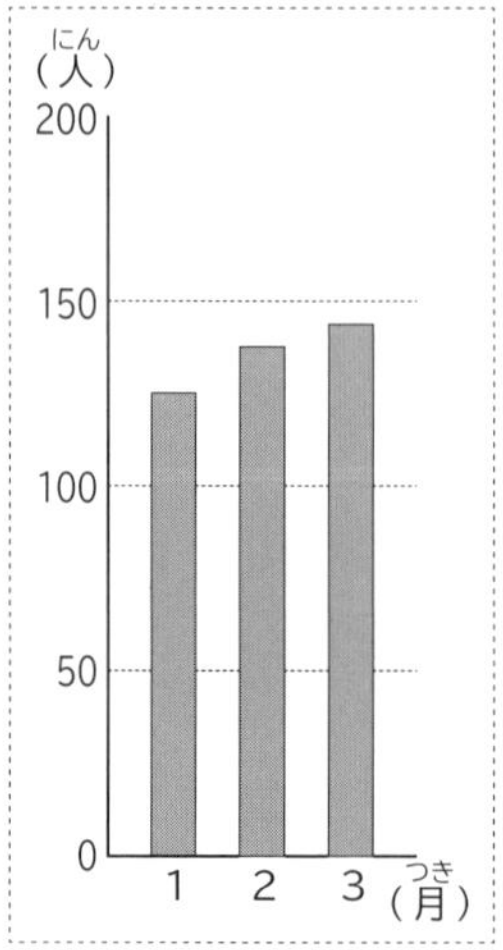

㋑

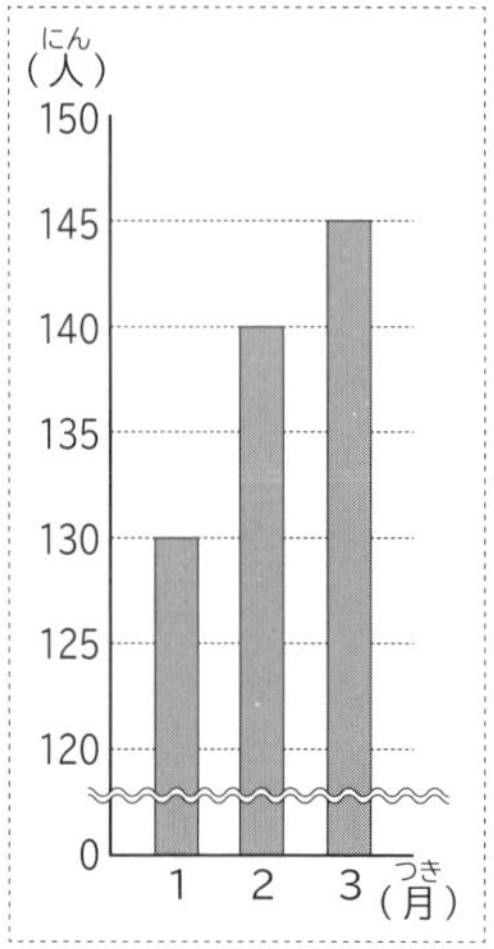

● 二《ふた》つのグラフの印象《いんしょう》が大《おお》きくちがうのは、何《なに》がちがうからですか。○をつけましょう。

（　）調《しら》べた月《つき》。
（　）単位《たんい》。
（　）目《め》もりのとり方《かた》。

(2) 次《つぎ》の資料《しりょう》㋐と資料《しりょう》㋑を見《み》て、問題《もんだい》に答《こた》えましょう。

〈資料《しりょう》㋐〉小学生《しょうがくせい》が好《す》きな本《ほん》・ざっしの種類《しゅるい》

1位《い》	まんが	30%《パーセント》
2位《い》	アニメざっし	25%《パーセント》
3位《い》	絵本《えほん》	14%《パーセント》

全国《ぜんこく》の小学生《しょうがくせい》1200人《にん》（各学年《かくがくねん》の男女《だんじょ》100人《にん》ずつ）に調査《ちょうさ》［2016年《ねん》］

〈資料《しりょう》㋑〉○○市立図書館《しりつとしょかん》に来《き》た小学生《しょうがくせい》が好《す》きな本《ほん》・ざっしの種類《しゅるい》

1位《い》	まんが	25%《パーセント》
2位《い》	絵本《えほん》	20%《パーセント》
3位《い》	ファンタジー	17%《パーセント》

○○市立図書館《しりつとしょかん》に来《き》た小学生《しょうがくせい》100人《にん》に調査《ちょうさ》［2017年《ねん》］

① 調査《ちょうさ》の対象《たいしょう》が、全国《ぜんこく》の小学生《しょうがくせい》千二百人《せんにひゃくにん》だったのは、資料《しりょう》㋐、㋑のどちらですか。記号《きごう》で答《こた》えましょう。

② 調査《ちょうさ》の時期《じき》が、より新《あたら》しいのは、資料《しりょう》㋐、㋑のどちらですか。記号《きごう》で答《こた》えましょう。

③ 資料《しりょう》㋑で三位《さんい》までに入《はい》っているのに、資料《しりょう》㋐には入《はい》っていない本《ほん》・ざっしの種類《しゅるい》を書《か》きましょう。

（令和二年度版　光村図書　国語五　銀河「統計資料の読み方」による）

グラフや表《ひょう》を用《もち》いて書《か》こう (1)

名前

● 教科書《きょうかしょ》の「グラフや表《ひょう》を用《もち》いて書《か》こう」の全文《ぜんぶん》を読《よ》んだ後《あと》、次《つぎ》の文章《ぶんしょう》を二回《にかい》読《よ》んで、答《こた》えましょう。

1

ごみの総排出量《そうはいしゅつりょう》の推移《すいい》

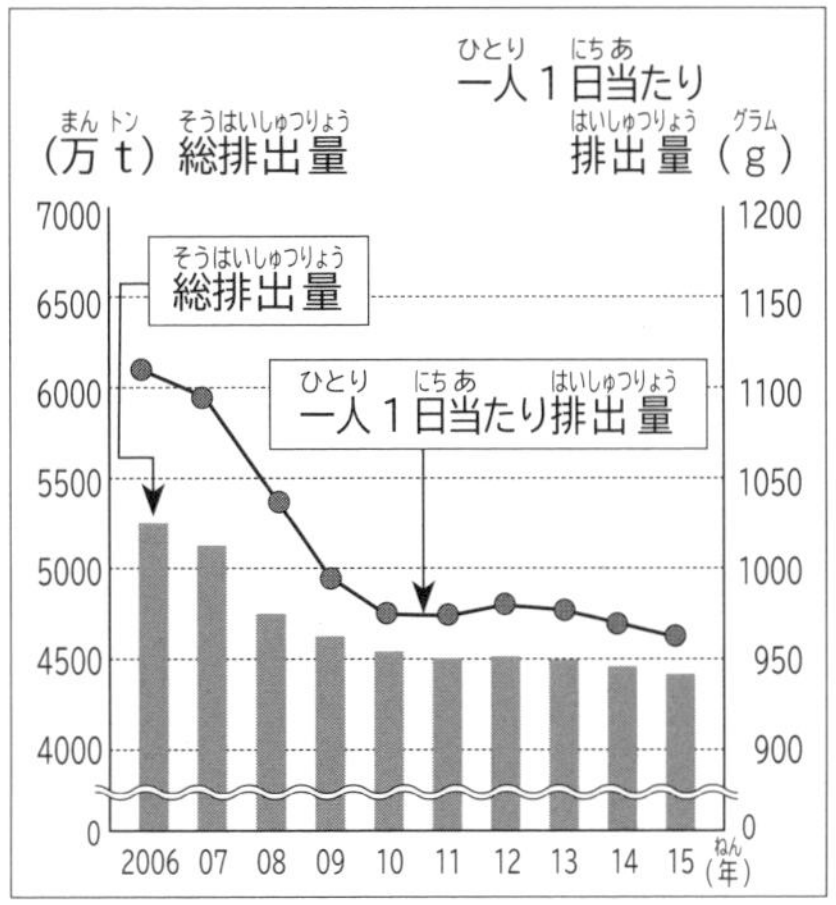

「日本《にほん》の廃棄物処理《はいきぶつしょり》　平成《へいせい》27年度版《ねんどばん》」(環境省《かんきょうしょう》)より

右《みぎ》のグラフは、家庭《かてい》や会社《かいしゃ》から出《で》るごみの排出量《はいしゅつりょう》を示《しめ》したものです。折《お》れ線《せん》グラフは、一人一日当《ひとりいちにちあ》たりの排出量《はいしゅつりょう》を表《あらわ》し、ぼうグラフは、日本全体《にほんぜんたい》の排出量《はいしゅつりょう》を表《あらわ》しています。

※排出《はいしゅつ》…出《だ》すこと。

2

これを見《み》ると、どちらもだんだん排出量《はいしゅつりょう》が［㋐］ことが分《わ》かります。折《お》れ線《せん》のいちばん高《たか》い二〇〇六年《にせんろくねん》と二〇一五年《にせんじゅうごねん》の一人一日当《ひとりいちにちあ》たりの排出量《はいしゅつりょう》を比《くら》べてみましょう。二〇〇六年《にせんろくねん》は約一一二〇《やくせんひゃくにじゅう》グラム、二〇一五年《にせんじゅうごねん》は約九五〇《やくきゅうひゃくごじゅう》グラムで、約一七〇《やくひゃくななじゅう》グラム減《へ》っていることが分《わ》かります。

（令和二年度版　光村図書　国語五　銀河　「グラフや表を用いて書こう」による）

1

(1) グラフが示《しめ》しているものは、何《なん》ですか。

家庭《かてい》や会社《かいしゃ》から出《で》る［　　］の排出量《はいしゅつりょう》。

(2) 折《お》れ線《せん》グラフと、ぼうグラフは、それぞれ何《なに》を表《あらわ》していますか。

・折《お》れ線《せん》グラフ
［　　］の排出量《はいしゅつりょう》。

・ぼうグラフ
［　　］の排出量《はいしゅつりょう》。

2

(1) ㋐にあてはまる言葉《ことば》に○をつけましょう。

(　) 増《ふ》えてきている

(　) 減《へ》ってきている

(2) 何年《なんねん》と何年《なんねん》の、何《なん》の量《りょう》を比《くら》べていますか。
(習《なら》っていない漢字《かんじ》は、ひらがなで書《か》きましょう。)

［　　］年《ねん》と［　　］年《ねん》の、［　　］。

(※「日本《にほん》」は「にっぽん」とも読《よ》みます。)

グラフや表《ひょう》を用《もち》いて書《か》こう (2)

名前

● 次《つぎ》の文章《ぶんしょう》を二回《にかい》読《よ》んで、答《こた》えましょう。

1

〔家庭《かてい》や会社《かいしゃ》から出《で》るごみの排出量《はいしゅつりょう》のグラフから、二〇〇六年《にせんろくねん》と比《くら》べて、二〇一五年《にせんじゅうごねん》のごみの一人一日当《ひとりいちにちあ》たりの排出量《はいしゅつりょう》が約一七〇《やくひゃくななじゅう》グラム減《へ》っていることが分《わ》かりました。〕

㋐家庭《かてい》や会社《かいしゃ》からのごみの排出量《はいしゅつりょう》が減《へ》っているということは、個人《こじん》の小《ちい》さな努力《どりょく》の積《つ》み重《かさ》ねが成果《せいか》を上《あ》げているということだと思《おも》います。このまま社会全体《しゃかいぜんたい》で努力《どりょく》を続《つづ》ければ、ごみをあまり出《だ》さないくらしに向《む》かっていくことができるでしょう。

2

［㋑］、グラフをもとにして、㋒一人一日当《ひとりいちにちあ》たりのごみの排出量《はいしゅつりょう》が、十年間《じゅうねんかん》で約一七〇《やくひゃくななじゅう》グラム減《へ》っているということを述《の》べました。ごみの少《すく》ない社会《しゃかい》は、自然《しぜん》にも、人《ひと》がくらす環境《かんきょう》にも、やさしい社会《しゃかい》といえるでしょう。日本《にほん》の社会《しゃかい》は、くらしやすい方向《ほうこう》に向《む》かっていると思《おも》います。

（令和二年度版　光村図書　国語五　銀河「グラフや表を用いて書こう」による）

1 ㋐家庭《かてい》や会社《かいしゃ》からのごみの排出量《はいしゅつりょう》が減《へ》っているということを示《しめ》したグラフを見《み》て、この文章《ぶんしょう》の作者《さくしゃ》は、どんなことを考《かんが》えましたか。二《ふた》つ書《か》きましょう。

［　　　　］ということ。

このまま社会全体《しゃかいぜんたい》で努力《どりょく》を続《つづ》ければ、［　　　　］ということ。

2

(1) ［㋑］にあてはまる言葉《ことば》に〇をつけましょう。

（　）例《たと》えば

（　）このように

(2) ㋒一人一日当《ひとりいちにちあ》たりの…ということを、作者《さくしゃ》は何《なに》をもとにして述《の》べましたか。

［　　　　］

古《こ》典《てん》芸《げい》能《のう》の世《せ》界《かい》—語《かた》りで伝《つた》える (1)

名前

● 次《つぎ》の文章《ぶんしょう》を二回《にかい》読《よ》んで、答《こた》えましょう。

1

落語《らくご》は、身《み》ぶりを交《まじ》えて
一人《ひとり》ではなしを語《かた》る芸《げい》です。
江戸時代《えどじだい》ごろから、
今《いま》のような形《かたち》で
楽《たの》しまれるようになりました。

2

語《かた》る内容《ないよう》は笑《わら》える話《はなし》が
多《おお》いのですが、感動《かんどう》する話《はなし》や
こわい話《はなし》などもあります。
はなしの最後《さいご》は、しゃれや
意外《いがい》な結末《けつまつ》など、
「落《お》ち」とよばれる
効果的《こうかてき》な表現《ひょうげん》で
しめくくられ、観客《かんきゃく》の
笑《わら》いをさそいます。

（令和二年度版　光村図書　国語五　銀河「古典芸能の世界」による）

1

(1) 落語《らくご》は、どんな芸《げい》ですか。文中《ぶんちゅう》の言葉《ことば》で書《か》き出《だ》しましょう。

(2) 落語《らくご》が今《いま》のような形《かたち》で楽《たの》しまれるようになったのは、いつからですか。

2

(1) 語《かた》る内容《ないよう》には、どんな話《はなし》がありますか。三《みっ》つ書《か》きましょう。

(2) はなしの最後《さいご》は、何《なん》とよばれる効果的《こうかてき》な表現《ひょうげん》でしめくくられますか。文中《ぶんちゅう》の二文字《にもじ》の言葉《ことば》で答《こた》えましょう。

古典芸能《こてんげいのう》の世界《せかい》―語《かた》りで伝《つた》える (2)

名前

● 次《つぎ》の文章《ぶんしょう》を二回《にかい》読《よ》んで、答《こた》えましょう。

1

［落語《らくご》は、身《み》ぶりを交《まじ》えて一人《ひとり》ではなしを語《かた》る芸《げい》です。］

また、落語家《らくごか》は、声《こえ》の調子《ちょうし》や顔《かお》の表情《ひょうじょう》や向《む》き、手《て》や体《からだ》の動《うご》きなどをうまく使《つか》って、たくさんの登場人物《とうじょうじんぶつ》を一人《ひとり》で演《えん》じ分《わ》けます。

2

さらに、せんすや手《て》ぬぐいを、食《た》べ物《もの》や日用品《にちようひん》などいろいろなものに見立《みた》てることで、さまざまなしぐさを表現《ひょうげん》します。

（令和二年度版　光村図書　国語五　銀河「古典芸能の世界」による）

1

(1) 落語家《らくごか》は、たくさんの登場人物《とうじょうじんぶつ》を何人《なんにん》で演《えん》じますか。○をつけましょう。

（　）一人《ひとり》

（　）二人《ふたり》

(2) 落語家《らくごか》は、たくさんの登場人物《とうじょうじんぶつ》を一人《ひとり》で演《えん》じ分《わ》けるために、どのようにしますか。

［　　　］などをうまく使《つか》う。

2

(1) 落語家《らくごか》は、さまざまなしぐさを表現《ひょうげん》するために、どんな道具《どうぐ》を使《つか》いますか。二《ふた》つ書《か》きましょう。

［　　　］

［　　　］

(2) せんすや手《て》ぬぐいを、どのように使《つか》うことで、落語家《らくごか》は、さまざまなしぐさを表現《ひょうげん》しますか。

［　　　］など

いろいろなものに［　　　］こと。

カンジー博士《はかせ》の暗号解読《あんごうかいどく》(1)

名前

◎次《つぎ》の文《ぶん》の●▲には、記号《きごう》ごとに同《おな》じ読《よ》み方《かた》の別《べつ》の漢字《かんじ》が入《はい》ります。〈例《れい》〉にならって、●▲に入《はい》る音《おん》を（　）にカタカナで書《か》き、また、それぞれの文《ぶん》の●▲に合《あ》う漢字《かんじ》を［　］から選《えら》んで□に書《か》きましょう。

〈例《れい》〉

（読《よ》み方《かた》）　●（シン）　▲（コウ）

① 最《さい》●のパソコンを買《か》う。　●［新］

② ●友《ゆう》と旅《りょ》▲する。　●［親］　▲［行］

③ ▲通《つう》ルールを守《まも》る。　▲［交］

［親・新・交・行］

(1)

（読《よ》み方《かた》）　●（　　）　▲（　　）

① エジソンの●記《き》を読《よ》む。　●□

② ゲーム機《き》の●▲をかえる。　●□　▲□

③ 広《ひろ》い土《と》▲に公園《こうえん》を作《つく》る。　▲□

④ 本《ほん》をたくさん読《よ》んで▲識《しき》を得《え》る。　▲□

［知・池・地・電・伝］

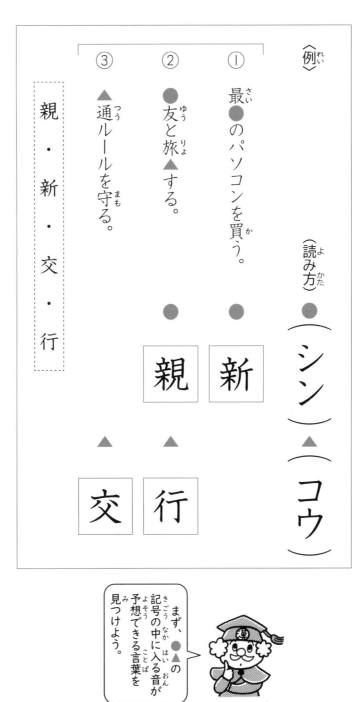

カンジー博士《はかせ》の暗号解読《あんごうかいどく》(2)

名前

◎ 次《つぎ》の文《ぶん》の●▲には、記号《きごう》ごとに同《おな》じ読《よ》み方《かた》の別《べつ》の漢字《かんじ》が入《はい》ります。●▲に入《はい》る音《おん》を（　）にカタカナで書《か》き、また、それぞれの文《ぶん》の●▲に合《あ》う漢字《かんじ》を□から選《えら》んで□に書《か》きましょう。

(1)

① 本《ほん》を読《よ》み、読書《どくしょ》●想《そう》▲を書《か》く。

② ケーキを妹《いもうと》と半《はん》▲ずつ食《た》べた。

③ 図書《としょ》●で一年前《いちねんまえ》の新《しん》▲を読《よ》む。

(読《よ》み方《かた》) ●（　　）▲（　　）

① ●□ ▲□

② ▲□

③ ●□ ▲□

館・感・分・聞・文

(2)

① 愛《あい》●と散歩《さんぽ》に行《い》く。

② 実《じっ》●は、理《り》▲室《しっ》で行《おこな》われる。

③ 歴史《れきし》を●究《きゅう》する会合《かいごう》に参《さん》▲する。

④ 昨日《きのう》、となり町《まち》で▲事《じ》が起《お》きた。

(読《よ》み方《かた》) ●（　　）▲（　　）

① ●□

② ●□ ▲□

③ ●□ ▲□

④ ▲□

験・研・犬・火・加・科

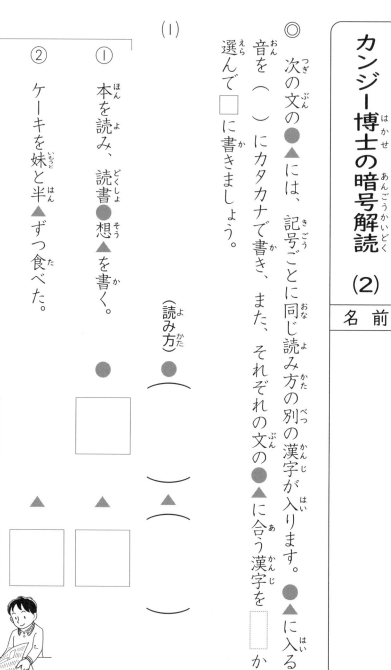

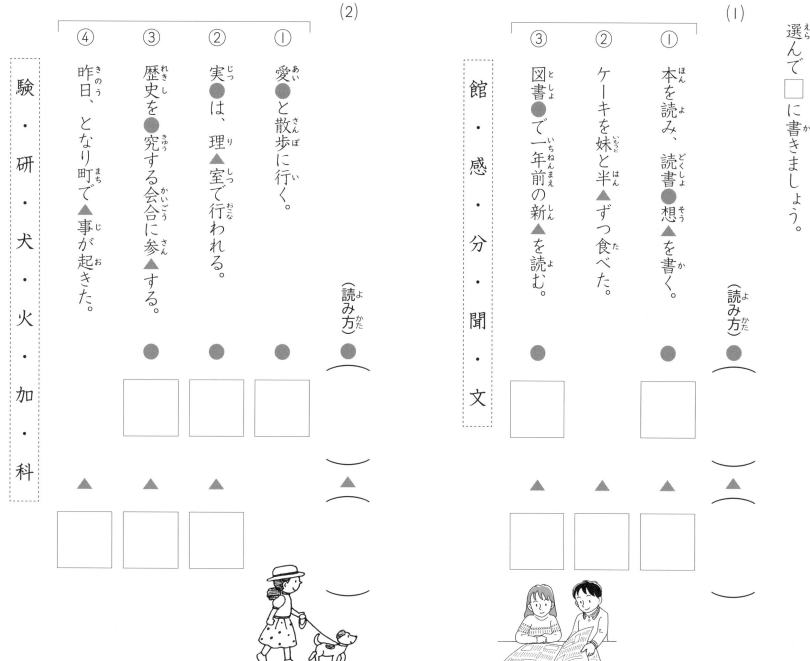

カンジー博士《はかせ》の暗号解読《あんごうかいどく》(3)

名前

◎ 次《つぎ》の文《ぶん》の●▲■には、記号《きごう》ごとに同《おな》じ読《よ》み方《かた》の別《べつ》の漢字《かんじ》が入《はい》ります。●▲■に入《はい》る音《おん》を（　）にカタカナで書《か》き、また、それぞれの文《ぶん》の●▲■に合《あ》う漢字《かんじ》を□から選《えら》んで□に書《か》きましょう。

(1)

① 北《きた》の●角《がく》から風《かぜ》がふく。　●□

② ●▲後《ご》、■庭《てい》で遊《あそ》ぶ。　●□　▲□　■□

③ 有名《ゆうめい》な音楽《おんがく》▲の■演《えん》を聞《き》きに行《い》く。　▲□　■□

（読《よ》み方《かた》）　●（　　）　▲（　　）　■（　　）

方・放・課・家・校・公

(2)

① 毎朝《まいあさ》、六《ろく》●半《はん》に起《お》きる。　●□

② 新《あたら》しい●▲車《しゃ》に乗《の》る。　●□　▲□

③ テレビで▲■予報《よほう》を見《み》る。　▲□　■□

④ 秋《あき》は読書《どくしょ》の■節《せつ》だ。　■□

（読《よ》み方《かた》）　●（　　）　▲（　　）　■（　　）

天・転・時・自・季・気

カンジー博士《はかせ》の暗号解読《あんごうかいどく》 (4)

名前

◎ 次《つぎ》の文《ぶん》の●▲■には、記号《きごう》ごとに同《おな》じ読《よ》み方《かた》の別《べつ》の漢字《かんじ》が入《はい》ります。●▲■に入《はい》る音《おん》を（　）にカタカナで書《か》き、また、それぞれの文《ぶん》の●▲■に合《あ》う漢字《かんじ》を□から選《えら》んで□に書《か》きましょう。

(1)

① 自分《じぶん》の行《おこな》いを●▲する。

② 機械化《きかいか》で▲産力《さんりょく》が■上《じょう》する。

③ 初《はじ》めての夕《ゆう》●作《づく》りは▲■した。

（読《よ》み方《かた》）　●（　　）　▲（　　）　■（　　）

生・省・成・向・功・飯・反

(2)

① 美《うつく》しい風景《ふうけい》を●▲にとる。

② 川《かわ》は、水《すい》▲一《いち》メートル■上《じょう》ある。

③ ●会科《かいか》が好《す》きだなんて■外《がい》だ。

④ 図書《としょ》■員《いん》の仕事《しごと》をする。

（読《よ》み方《かた》）　●（　　）　▲（　　）　■（　　）

以・委・意・社・写・真・深

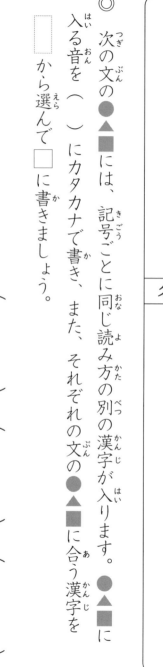

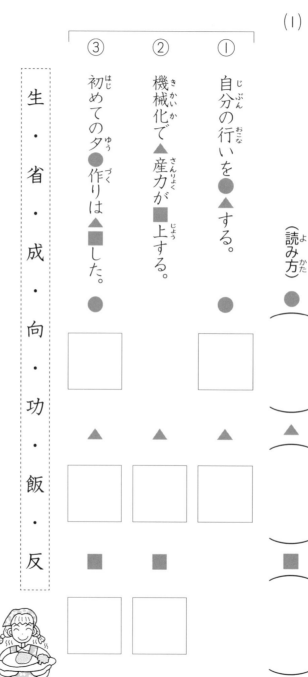

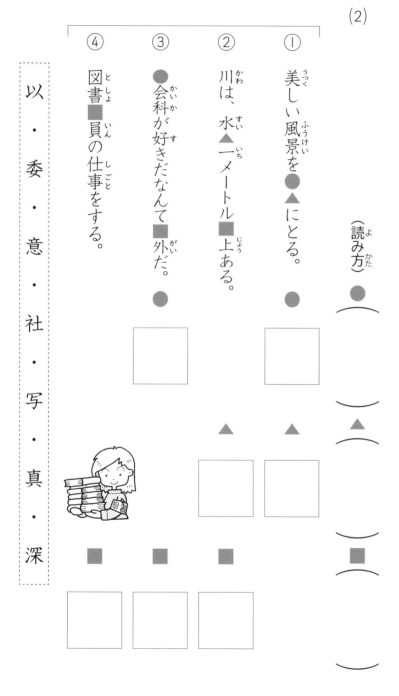

古典《こてん》の世界《せかい》（二《に》）（論語《ろんご》）　(1)

名前

「論語《ろんご》」は、中国《ちゅうごく》の古代《こだい》の思想家《しそうか》である孔子《こうし》と、その弟子《でし》たちの問答《もんどう》などを記録《きろく》した書物《しょもつ》です。次《つぎ》の〈もとの文《ぶん》〉の文章《ぶんしょう》は、「論語《ろんご》」の中《なか》に書《か》かれている言葉《ことば》です。

● 次《つぎ》の「論語《ろんご》」の文章《ぶんしょう》を二回音読《にかいおんどく》し、意味《いみ》の文《ぶん》も読《よ》んで、答《こた》えましょう。

1

〈もとの文《ぶん》〉

㋐子曰《しい（わ）》く、「己《おのれ》の欲《ほっ》せざる所《ところ》は、㋑人《ひと》に施《ほどこ》すこと勿《な》かれ。」と。

〈意味《いみ》の文《ぶん》〉

孔子《こうし》は言《い》った。「自分《じぶん》が人《ひと》からされたくないと思《おも》うことを、他人《たにん》に対《たい》してしてはならない。」と。

2

〈もとの文《ぶん》〉

子曰《しい（わ）》く、「過《あやま》ちて改《あらた》めざる、是《これ》を過《あやま》ちと謂《い（う）》ふ。」と。

〈意味《いみ》の文《ぶん》〉

孔子《こうし》は言《い》った。「人《ひと》はだれでも過《あやま》ちがあるものだが、過《あやま》ちをおかしてそれを改《あらた》めないのが、㋒本当《ほんとう》の過《あやま》ちというものだ。」と。

（令和二年度版　光村図書　国語五　銀河「古典の世界（二）」による）

1

(1) ㋐子曰《しい（わ）》くとは、どんな意味《いみ》ですか。〈意味《いみ》の文《ぶん》〉を見《み》て書《か》きましょう。
（習《なら》っていない漢字《かんじ》は、ひらがなで書《か》きましょう。）

(2) ㋑人《ひと》に施《ほどこ》すこと勿《な》かれとは、どんな意味《いみ》ですか。〈意味《いみ》の文《ぶん》〉を見《み》て書《か》きましょう。

2

㋒本当《ほんとう》の過《あやま》ちについて答《こた》えましょう。

① 「過《あやま》ち」とは、どんな意味《いみ》ですか。○をつけましょう。

（　）ごめんなさいと言《い》うこと。

（　）まちがい。失敗《しっぱい》。

② 「本当《ほんとう》の過《あやま》ち」とは、どういうことだといっていますか。〈意味《いみ》の文《ぶん》〉を見《み》て書《か》きましょう。

［　　］をおかしてそれを［　　］こと。

古典《こてん》の世界《せかい》（二《に》）(2)

（漢詩《かんし》「春暁《しゅんぎょう》」）

名前

漢詩《かんし》は、中国《ちゅうごく》の詩《し》で、もともとは漢字《かんじ》だけで書《か》かれたものです。次《つぎ》の詩《し》「春暁《しゅんぎょう》」は、最《もっと》もよく知《し》られた漢詩《かんし》の一《ひと》つで、昔《むかし》の中国《ちゅうごく》の詩人《しじん》、孟《もう》浩然《こうねん》の代表作《だいひょうさく》です。

● 次《つぎ》の「漢詩《かんし》」の文章《ぶんしょう》を二回音読《にかいおんどく》し、意味《いみ》の文《ぶん》も読《よ》んで、答《こた》えましょう。

春暁《しゅんぎょう》　孟《もう》　浩然《こうねん》

春眠《しゅんみん》　暁《あかつき》を覚《おぼ》えず
処処《しょしょ》　啼鳥《ていちょう》を聞《き》く
夜来《やらい》　風雨《ふうう》の声《こえ》
花落《はなお》つること　知《し》る多少《たしょう》

〈意味《いみ》の文《ぶん》〉

春《はる》の眠《ねむ》りは気持《きも》ちがよくて、朝《あさ》になったのも気《き》づかなかった。あちこちで鳥《とり》の鳴《な》く声《こえ》が聞《き》こえてくる。昨日《きのう》の夜《よる》は雨《あめ》や風《かぜ》の音《おと》がしていたが、花《はな》はどのくらい散《ち》ってしまっただろうか。

（令和二年度版　光村図書　国語五　銀河「古典の世界（二）」による）

(1) 暁《あかつき》を覚《おぼ》えずとは、どんな意味《いみ》ですか。〈意味《いみ》の文《ぶん》〉から書《か》き出《だ》しましょう。

［　　　　　　　　］

(2) （　）の中《なか》にあてはまる言葉《ことば》を書《か》いて、次《つぎ》の表《ひょう》を完成《かんせい》させましょう。

もとの文《ぶん》	意味《いみ》
① 春眠《しゅんみん》	気持《きも》ちのよい（　　）の眠《ねむ》り
② 啼鳥《ていちょう》	（　　）の鳴《な》く声《こえ》
③ 夜来《やらい》	昨日《きのう》の（　　）から

(3) 作者《さくしゃ》が眠《ねむ》りから目覚《めざ》めたとき、聞《き》こえてきたのは、どんな音《おと》でしたか。○をつけましょう。

（　）鳥《とり》の鳴《な》き声《ごえ》。
（　）雨《あめ》や風《かぜ》の音《おと》。

やなせたかし――アンパンマンの勇気《ゆうき》　(1)

名前

教科書《きょうかしょ》の「やなせたかし――アンパンマンの勇気《ゆうき》」の次《つぎ》の文章《ぶんしょう》を読《よ》んで、答《こた》えましょう。

1 教科書《きょうかしょ》

「やなせたかし（本名《ほんみょう》　柳瀬《やなせ》　嵩《たかし》）は、……

〜

……夢《ゆめ》をいだくようになった。」

(1) たかしが五《ご》さいのとき、どんなできごとがありましたか。二《ふた》つ選《えら》んで○をつけましょう。

（　）父親《ちちおや》が病死《びょうし》した。

（　）母《はは》と弟《おとうと》と三人《さんにん》で、高知県《こうちけん》に移《うつ》り住《す》んだ。

（　）弟《おとうと》と二人《ふたり》で、高知県《こうちけん》のおじ夫婦《ふうふ》のもとに引《ひ》き取《と》られた。

(2) 中学校《ちゅうがっこう》に進《すす》むころ、たかしがさびしさをわすれることができたのは、何《なに》をしているときだけでしたか。

夢中《むちゅう》になって［　　］をかいているとき。

(3) たかしは、どんな夢《ゆめ》をいだくようになりましたか。

将来《しょうらい》は［　　］になりたいという夢《ゆめ》。

2 教科書《きょうかしょ》

「本格的《ほんかくてき》に美術《びじゅつ》の勉強《べんきょう》をするために……

〜

……ぼくは何《なに》をすればいいのだろう。」

(1) 学校《がっこう》を卒業後《そつぎょうご》、就職《しゅうしょく》した会社《かいしゃ》で、たかしが仕事《しごと》をしたのが一年間《いちねんかん》だけだったのは、なぜですか。

たかしは徴兵《ちょうへい》されて、中国大陸《ちゅうごくたいりく》の［　　］に行《い》くことになったから。

(2) 戦場《せんじょう》でさまざまな苦《くる》しい目《め》にあった中《なか》で、たかしが最《もっと》もつらかったことは、何《なん》ですか。一《ひと》つに○をつけましょう。

（　）長《なが》いきょりを歩《ある》いて移動《いどう》すること。

（　）マラリアで高熱《こうねつ》が出《で》たこと。

（　）食《た》べる物《もの》がなかったこと。

(3) 戦後《せんご》、弟《おとうと》の戦死《せんし》を知《し》ったたかしは、どんなことを考《かんが》えましたか。○をつけましょう。

（　）生《い》き残《のこ》った自分《じぶん》は、弟《おとうと》の代《か》わりに何《なに》をすればいいのか考《かんが》えた。

（　）弟《おとうと》が死《し》んだ原因《げんいん》が知《し》りたくて調《しら》べようと考《かんが》えた。

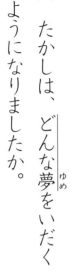

やなせたかし ―アンパンマンの勇気《ゆうき》 (2)

名前

教科書《きょうかしょ》の「やなせたかし ―アンパンマンの勇気《ゆうき》」の次《つぎ》の文章《ぶんしょう》を読《よ》んで、答《こた》えましょう。

1

教科書《きょうかしょ》

「戦争《せんそう》が終《お》わってからずっと、…」

〜

「…正《ただ》しいことのはずだ。」

(1) 戦争《せんそう》が終《お》わってからずっと、たかしの頭《あたま》からはなれなかったのは、どんな問《と》いでしたか。

［　　　　］とは何《なん》だろう。

(2) (1)の問《と》いに対《たい》して、たかしが見《み》つけたのは、どんな答《こた》えでしたか。一《ひと》つに○をつけましょう。

(　) この世《よ》に正義《せいぎ》はない。

(　) 本当《ほんとう》の正義《せいぎ》とは、おなかがすいている人《ひと》に、食《た》べ物《もの》を分《わ》けてあげることだ。

(　) 戦争《せんそう》に勝《か》つことが正義《せいぎ》だ。

(3) (2)の答《こた》えをたかしが見《み》つけたのは、道《みち》ばたで何《なに》を見《み》たからですか。

おさない兄弟《きょうだい》がおにぎりを分《わ》け合《あ》って食《た》べるときの、幸《しあわ》せそうな［　　　　］。

2

教科書《きょうかしょ》

「たかしは五十四《ごじゅうよん》さいのとき、…」

〜

「…本当《ほんとう》の勇気《ゆうき》がわいてくるんだ。」

(1) アンパンマンがそれまでのヒーローとちがっていたのは、どんなところですか。二《ふた》つに○をつけましょう。

(　) 顔《かお》がぬれただけで力《ちから》をなくしてしまう。

(　) かっこいい武器《ぶき》をもっていない。

(　) 悲《かな》しんでいる人《ひと》に歌《うた》を歌《うた》って楽《たの》しませてくれる。

(2) アンパンマンが、最初《さいしょ》、大人《おとな》たちから「顔《かお》を食《た》べさせるなんて、ざんこくだ。」と評判《ひょうばん》が悪《わる》かったことに対《たい》して、たかしはどう考《かんが》えていましたか。［　］から選《えら》んで書《か》きましょう。

正義《せいぎ》を行《おこな》い、人《ひと》を［　　　　］には、自分《じぶん》も［　　　　］ことをかくごすべきで、どうしてもだれかを助《たす》けたいと思《おも》うとき、［　　　　］がわいてくるんだ。

本当《ほんとう》の勇気《ゆうき》 ・ 傷《きず》つく ・ 助《たす》ける

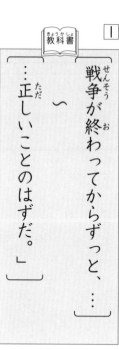

あなたは、どう考《かんが》える　(1)

名前

教科書《きょうかしょ》の「あなたは、どう考《かんが》える」を読《よ》んで、答《こた》えましょう。

● 次《つぎ》の文章《ぶんしょう》は、新聞《しんぶん》の投書《とうしょ》をきっかけに木原《きはら》さんが書《か》いた意見文《いけんぶん》の①段落《だんらく》と②段落《だんらく》の部分《ぶぶん》です。文章《ぶんしょう》を読《よ》んで、問題《もんだい》に答《こた》えましょう。

① ぼくは、病院《びょういん》のよび出《だ》しは番号《ばんごう》がよいと考《かんが》える。

② この間《あいだ》、学校《がっこう》の安全教室《あんぜんきょうしつ》で、個人情報《こじんじょうほう》についての話《はなし》を聞《き》いた。講師《こうし》の町田《まちだ》さんは、「インターネットは、だれが見《み》るか分《わ》からないものです。名前《なまえ》や住所《じゅうしょ》、電話番号《でんわばんごう》など、個人《こじん》に関《かん》する情報《じょうほう》を公開《こうかい》すると、個人《こじん》が特定《とくてい》され、悪用《あくよう》されるおそれがあります。」とおっしゃっていた。㋐病院《びょういん》も、だれがいるか分《わ》からない場所《ばしょ》だ。名前《なまえ》も、通院《つういん》していることも、大切《たいせつ》な個人情報《こじんじょうほう》である。他《ほか》の人《ひと》に知《し》られないようにするほうがいいだろう。

（令和二年度版　光村図書　国語五　銀河　「あなたは、どう考える」による）

(1) 「ぼく」（木原《きはら》さん）は、どんな考《かんが》えを主張《しゅちょう》していますか。

病院《びょういん》のよび出《だ》しは、□□がよいという考《かんが》え。

(2) 学校《がっこう》の安全教室《あんぜんきょうしつ》で聞《き》いたのは、何《なに》についての話《はなし》でしたか。

(3) 木原《きはら》さんは、㋐病院《びょういん》をどんな場所《ばしょ》だといっていますか。文中《ぶんちゅう》の言葉《ことば》で書《か》き出《だ》しましょう。

(4) 木原《きはら》さんが、大切《たいせつ》な個人情報《こじんじょうほう》だと考《かんが》えているもの二《ふた》つに○をつけましょう。

（　）名前《なまえ》。
（　）病院《びょういん》のよび出《だ》し番号《ばんごう》。
（　）通院《つういん》していること。

(5) ②段落《だんらく》は、意見文《いけんぶん》の中《なか》でどんな役《やく》わりをしていますか。○をつけましょう。

（　）主張《しゅちょう》を支《ささ》える理由《りゆう》を挙《あ》げている。
（　）主張《しゅちょう》をまとめている。

あなたは、どう考《かんが》える (2)

名前

教科書《きょうかしょ》の「あなたは、どう考《かんが》える」を読《よ》んで、答《こた》えましょう。

● 次《つぎ》の木原《きはら》さんが書《か》いた意見文《いけんぶん》のつづき（③段落《だんらく》）を読《よ》んで、問題《もんだい》に答《こた》えましょう。

病院《びょういん》のよび出《だ》しは番号《ばんごう》がよいと考《かんが》える。名前《なまえ》も、通院《つういん》していることも、大切《たいせつ》な個人《こじん》情報《じょうほう》だから、他人《たにん》に知《し》られないようにするほうがいい。

③　名前《なまえ》だけならだいじょうぶだと思《おも》うかもしれない。しかし、けいび会社《がいしゃ》からもらった「子《こ》ども防犯《ぼうはん》ブック」には、「名前《なまえ》でよびかけられると、知《し》り合《あ》いかと思《おも》って油断《ゆだん》してしまう。持《も》ち物《もの》の記名場所《きめいばしょ》には注意《ちゅうい》しよう。」とある。顔《かお》と名前《なまえ》が分《わ》かるだけでも、安全面《あんぜんめん》で心配《しんぱい》があるといえる。㋐病院《びょういん》でのよび出《だ》しは、名前《なまえ》のほうが分《わ》かりやすいという意見《いけん》も理解《りかい》できるが、分《わ》かりやすさと安全面《あんぜんめん》を比《くら》べると、安全面《あんぜんめん》のほうが大切《たいせつ》なのではないだろうか。

（令和二年度版　光村図書　国語五　銀河「あなたは、どう考える」による）

(1) ③段落《だんらく》では、それまでに述《の》べてきたことに対《たい》しての、予想《よそう》される反論《はんろん》が書《か》かれています。文中《ぶんちゅう》から一文《いちぶん》で書《か》き出《だ》しましょう。

(2) (1)の「予想《よそう》される反論《はんろん》」に対《たい》する木原《きはら》さんの考《かんが》えを書《か》き出《だ》しましょう。

［　　　　］だけでも、安全面《あんぜんめん》で心配《しんぱい》がある。

(3) (2)の考《かんが》えを説得力《せっとくりょく》のあるものにするため、木原《きはら》さんが示《しめ》したものは何《なん》でしたか。○をつけましょう。

（　）けいび会社《がいしゃ》の人《ひと》から聞《き》いた話《はなし》。

（　）「子《こ》ども防犯《ぼうはん》ブック」の引用《いんよう》。

(4) 木原《きはら》さんは、㋐病院《びょういん》でのよび出《だ》しについて、分《わ》かりやすさより大切《たいせつ》なものを何《なん》だと考《かんが》えていますか。

季節《きせつ》の言葉《ことば》4

冬《ふゆ》の朝《あさ》 (1)

(枕草子《まくらのそうし》 冬《ふゆ》)

名前

● 次《つぎ》の清少納言《せいしょうなごん》が書《か》いた「枕草子《まくらのそうし》」の文章《ぶんしょう》を二回音読《にかいおんどく》し、意味《いみ》の文《ぶん》も読《よ》んで、答《こた》えましょう。

1

〈もとの文《ぶん》〉

冬《ふゆ》はつとめて。雪《ゆき》の降《ふ》りたるは
言《い》ふ(う)べきにもあらず、霜《しも》のいと白《しろ》きも、
またさらでもいと寒《さむ》きに、
火《ひ》などいそぎおこして、
炭《すみ》もてわたるも㋐いとつきづきし。

(意味《いみ》の文《ぶん》)

冬《ふゆ》は早朝《そうちょう》がよい。雪《ゆき》が降《ふ》って
いるのは言《い》うまでもない。霜《しも》が
真《ま》っ白《しろ》なのも、またそうでなくても、
とても寒《さむ》いときに、火《ひ》などを
急《いそ》いでおこして、炭《すみ》を持《も》ち運《はこ》ぶ
様子《ようす》も、たいへん冬《ふゆ》らしい。

2

〈もとの文《ぶん》〉

昼《ひる》になりて、ぬるくゆるびもていけば、
火桶《ひおけ》の火《ひ》も白《しろ》き灰《はい》がちになりて
わろし。

(意味《いみ》の文《ぶん》)

昼《ひる》になって、寒《さむ》さがやわらいで
くると、火桶《ひおけ》の中《なか》の火《ひ》も白《しろ》い灰《はい》が
多《おお》くなってきて、よくない。

(令和二年度版 光村図書 国語五 銀河「季節の言葉4 冬の朝」による)

1

(1) 冬《ふゆ》は、一日《いちにち》のうちのいつがよいといっていますか。(意味《いみ》の文《ぶん》)から二文字《にもじ》で書《か》きましょう。

(2) (1)のことが書《か》いてある、「枕草子《まくらのそうし》」の最初《さいしょ》の一文《いちぶん》を〈もとの文《ぶん》〉から書《か》き出《だ》しましょう。

(3) ㋐いとつきづきし(たいへん冬《ふゆ》らしい)とは、どんな様子《ようす》のことをいっていますか。二《ふた》つに○をつけましょう。

( )早朝《そうちょう》に雪《ゆき》が降《ふ》っている様子《ようす》。
( )白《しろ》い霜《しも》の上《うえ》でたき火《び》をする様子《ようす》。
( )寒《さむ》いときに、火《ひ》をつけた炭《すみ》を持《も》ち運《はこ》ぶ様子《ようす》。

2

昼《ひる》になってからの様子《ようす》のことを、作者《さくしゃ》の清少納言《せいしょうなごん》はどう思《おも》っていますか。〈もとの文《ぶん》〉と(意味《いみ》の文《ぶん》)からそれぞれ書《か》き出《だ》しましょう。

〈もとの文《ぶん》〉

(意味《いみ》の文《ぶん》)

季節《きせつ》の言葉《ことば》4　冬《ふゆ》の朝《あさ》 (2)

名前

(1) 次《つぎ》の言葉《ことば》の意味《いみ》が完成《かんせい》するように、（　）にあてはまる言葉《ことば》を［　］から選《えら》んで書《か》きましょう。

① 木枯《こが》らし

冬《ふゆ》の初《はじ》めに木《こ》の葉《は》をふき散《ち》らす、冷《つめ》たい（　　）のこと。

［雪《ゆき》・風《かぜ》］

② 風花《かざはな》

晴天《せいてん》の日《ひ》に、風《かぜ》に乗《の》って飛《と》んできて、花《はな》びらのようにちらちらとまい落《お》ちる（　　）のこと。

［雨《あめ》・雪《ゆき》］

(2) 次《つぎ》の俳句《はいく》を読《よ》んで、答《こた》えましょう。

凩《こがらし》や海《うみ》に夕日《ゆうひ》を吹《ふ》き落《お》とす

夏目《なつめ》　漱石《そうせき》

（令和二年度版　光村図書　国語五　銀河「季節の言葉4　冬の朝」による）

① 五《ご》・七《しち》・五《ご》のリズムで読《よ》めるように、上《うえ》の俳句《はいく》を／線《せん》で区切《くぎ》りましょう。

② 作者《さくしゃ》は、どんな情景《じょうけい》をよんでいますか。（　）にあてはまる言葉《ことば》を［　］から選《えら》んで書《か》きましょう。

「こがらし」が、まるで冬《ふゆ》の海《うみ》に（　　）を吹《ふ》き落《お》としてしまいそうないきおいで、（　　）ふいている様子《ようす》。

［はげしく・夕日《ゆうひ》］

生活《せいかつ》の中《なか》で詩《し》を楽《たの》しもう（1）

（するめ／路《みち》）

名前

● 次《つぎ》の詩《し》をそれぞれ二回音読《にかいおんどく》し、問題《もんだい》に答《こた》えましょう。

1

するめ

まど・みちお

とうとう
やじるしに　なって
きいている
うみは
あちらですかと…

2

路《みち》

八木《やぎ》　重吉《じゅうきち》

路《みち》をみれば
こころ　おどる

（令和二年度版　光村図書　国語五　銀河　まど・みちお／八木　重吉）

1

(1) 「やじるしに　なって」とは、何《なに》が、どうなったことを表《あらわ》していますか。

［ イカが、切《き》り開《ひら》かれて、ほされ、□□□になったこと。 ］

(2) 「きいている」について答《こた》えましょう。

① 「きいている」とは、どんな意味《いみ》ですか。〇をつけましょう。

（　）たずねている。

（　）海《うみ》の波《なみ》の音《おと》を聞《き》いている。

② どんなことを、「きいている」のですか。詩《し》の中《なか》から九文字《きゅうもじ》で書《か》き出《だ》しましょう。

□□□□□□□□□

2

「路《みち》」の詩《し》には、作者《さくしゃ》のどのような気持《きも》ちが表《あらわ》れていますか。一《ひと》つに〇をつけましょう。

（　）うれしくてわくわくと楽《たの》しい気持《きも》ち。

（　）あれこれ心配《しんぱい》して不安《ふあん》な気持《きも》ち。

（　）長《なが》い道《みち》のりをいやだと思《おも》う気持《きも》ち。

生活《せいかつ》の中《なか》で詩《し》を楽《たの》しもう（2）

（一《いっ》ぽんの木《き》は／土《つち》）

名前

● 次《つぎ》の詩《し》をそれぞれ二回音読《にかいおんどく》し、問題《もんだい》に答《こた》えましょう。

1

一《いっ》ぽんの木《き》は

岸田《きしだ》　衿子《えりこ》

一《いっ》ぽんの木《き》は
ねむっているわたし
幹《みき》は夜《よる》を吸《す》いこんで
梢《こずえ》は夢《ゆめ》のかたちにひらく

※梢《こずえ》…木《き》の幹《みき》や枝《えだ》の、先《さき》の部分《ぶぶん》。

2

土《つち》

三好《みよし》　達治《たつじ》

蟻《あり》が
蝶《ちょう》の羽《はね》をひいて行《い》く
ああ
ヨットのやう（よ）だ

（令和二年度版　光村図書　国語五　銀河　岸田　衿子／三好　達治）

1

(1) 「一《いっ》ぽんの木《き》」にたとえられているのは、何《なん》ですか。詩《し》の中《なか》から九文字《きゅうもじ》で書《か》き出《だ》しましょう。

(2) 「一《いっ》ぽんの木《き》」の梢《こずえ》は、何《なん》のかたちにひらきますか。詩《し》の中《なか》から書《か》き出《だ》しましょう。

2

(1) 「土《つち》」の詩《し》に出《で》てくる虫《むし》の名前《なまえ》を、詩《し》の中《なか》から二《ふた》つ書《か》きましょう。
（習《なら》っていない漢字《かんじ》は、ひらがなで書《か》きましょう。）

(2) 「ヨットのやうだ」とは、どんな様子《ようす》をヨットにたとえたものですか。
（習《なら》っていない漢字《かんじ》は、ひらがなで書《か》きましょう。）

土《つち》の上《うえ》を　　　　にひかれて行《い》く　　　　の様子《ようす》。

方言《ほうげん》と共通語《きょうつうご》

名前

● 次《つぎ》の文章《ぶんしょう》を二回《にかい》読《よ》んで、答《こた》えましょう。

　わたしたちは、ふだん、家族《かぞく》や友達《ともだち》と話《はな》すとき、住《す》んでいる地方特有《ちほうとくゆう》の表現《ひょうげん》をふくんだ言葉《ことば》づかいをしています。これを、**方言《ほうげん》**といいます。方言《ほうげん》は、そこに住《す》む人々《ひとびと》の気持《きも》ちや感覚《かんかく》をぴったりと言《い》い表《あらわ》すことができます。

　しかし、ちがう地方《ちほう》の人《ひと》どうしが、それぞれの方言《ほうげん》で会話《かいわ》したのでは、事《こと》がらや気持《きも》ちが正確《せいかく》に伝《つた》わらないこともあります。そのため、どの地方《ちほう》の人《ひと》でも分《わ》かる言葉《ことば》づかいも必要《ひつよう》です。これを、**共通語《きょうつうご》**といいます。

※地方特有《ちほうとくゆう》の…（その）地方《ちほう》だけが、特別《とくべつ》にもっている。

（令和二年度版　光村図書　国語五　銀河「方言と共通語」による）

(1) 「方言《ほうげん》」とは、どんな言葉《ことば》づかいのことですか。文中《ぶんちゅう》の言葉《ことば》で書《か》きましょう。

［　　　　］言葉《ことば》づかい。

(2) 「共通語《きょうつうご》」とは、どんな言葉《ことば》づかいのことですか。文中《ぶんちゅう》の言葉《ことば》で書《か》きましょう。

［　　　　］言葉《ことば》づかい。

(3) 「方言《ほうげん》」は、どんなものをぴったりと言《い》い表《あらわ》すことができますか。

そこに住《す》む人々《ひとびと》の［　　］や［　　］。

(4) 次《つぎ》の①、②のとき、ふつう、㋐方言《ほうげん》、㋑共通語《きょうつうご》のどちらが使《つか》われていますか。記号《きごう》で答《こた》えましょう。

① アナウンサーがテレビでニュースを伝《つた》えるとき。［　］

② ふだん、家族《かぞく》や友達《ともだち》と話《はな》すとき。［　］

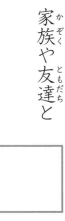

ニュースを伝《つた》えるマスメディア (1)

名前

教科書《きょうかしょ》の「ニュースを伝《つた》えるマスメディア」を読《よ》んで、答《こた》えましょう。

● 次《つぎ》の説明《せつめい》にあてはまるメディアを［　］から選《えら》んで書《か》きましょう。

① 広《ひろ》いはんいに、音声《おんせい》だけで情報《じょうほう》を伝《つた》えることができる。また、災害《さいがい》にあった人《ひと》への情報源《じょうほうげん》として役立《やくだ》つ。

［　　　　］

② 最《もっと》も速報性《そくほうせい》があり、時間《じかん》や文字数《もじすう》の制限《せいげん》もない。あらゆる立場《たちば》の人《ひと》が情報《じょうほう》を発信《はっしん》することができる。

［　　　　］

③ 情報《じょうほう》の伝《つた》わり方《かた》がおそい代《か》わりに、一《ひと》つのニュースをほり下《さ》げた記事《きじ》をじっくり読《よ》むことができる。

［　　　　］

④ 映像《えいぞう》と音声《おんせい》で情報《じょうほう》を伝《つた》えることができる。放送体制《ほうそうたいせい》が整《ととの》っているため、ニュースの速報性《そくほうせい》にすぐれている。また、出来事《できごと》を分《わ》かりやすく、印象深《いんしょうぶか》く伝《つた》えることができる。

［　　　　］

・新聞《しんぶん》　・テレビ
・ラジオ　・インターネット

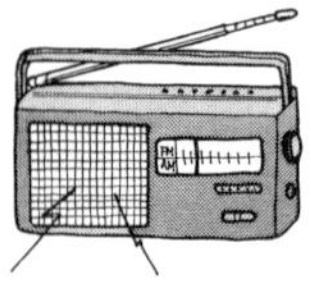

ニュースを伝《つた》えるマスメディア (2)

名前

● 教科書《きょうかしょ》の「ニュースを伝《つた》えるマスメディア」の全文《ぜんぶん》を読《よ》んだ後《あと》、次《つぎ》の文章《ぶんしょう》を二回《にかい》読《よ》んで、答《こた》えましょう。

1

ラジオは、電波《でんぱ》を使《つか》って広《ひろ》いはんいに情報《じょうほう》を伝《つた》えることができます。テレビが登場《とうじょう》する以前《いぜん》には、最《もっと》も速報性《そくほうせい》のあるメディアでした。

受信機《じゅしんき》の構造《こうぞう》が簡単《かんたん》なため、小型化《こがたか》が容易《ようい》で、現在《げんざい》でも災害《さいがい》にあった人《ひと》への情報源《じょうほうげん》として重要《じゅうよう》な役《やく》わりを果《は》たしています。

※速報《そくほう》…速《はや》く知《し》らせること。
※容易《ようい》…たやすいこと。簡単《かんたん》。やさしい。
※情報源《じょうほうげん》…情報《じょうほう》の出《で》どころ。情報《じょうほう》をくれるところ。

2

音声《おんせい》だけで伝《つた》わるので、仕事中《しごとちゅう》の人《ひと》や車《くるま》の運転《うんてん》をする人《ひと》、視覚障害者《しかくしょうがいしゃ》にとっては、㋐テレビよりも大事《だいじ》なメディアです。現代《げんだい》でも、ラジオの果《は》たす役《やく》わりは大《おお》きいといえるでしょう。

※視覚障害者《しかくしょうがいしゃ》…目《め》が見《み》えなかったり、見《み》えにくかったりする人《ひと》。

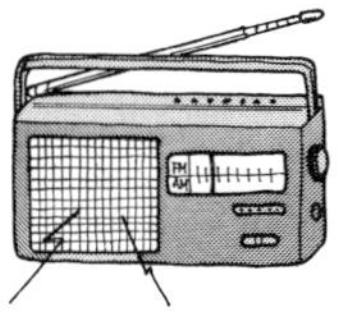

（令和二年度版　光村図書　国語五　銀河「ニュースを伝えるマスメディア」による）

1

(1) 何《なん》というメディアについて書《か》かれていますか。

(2) ラジオが最《もっと》も速報性《そくほうせい》があるメディアだったのは、いつのことですか。

(3) ラジオが現在《げんざい》でも重要《じゅうよう》な役《やく》わりを果《は》たしているのは、どんなものとしてですか。

（　　　）への情報源《じょうほうげん》。

2

(1) ラジオが、㋐テレビより大事《だいじ》なメディアなのは、どんな人《ひと》にとってですか。三《みっ》つに○をつけましょう。

（　）仕事中《しごとちゅう》の人《ひと》。
（　）車《くるま》の運転《うんてん》をする人《ひと》。
（　）耳《みみ》に障害《しょうがい》のある人《ひと》。
（　）目《め》に障害《しょうがい》のある人《ひと》。

(2) それは、ラジオがどんなメディアだからですか。

［　　］だけで伝《つた》わるメディアだから。

ニュースを伝《つた》えるマスメディア（3）

名前

● 次《つぎ》の文章《ぶんしょう》を二回《にかい》読《よ》んで、答《こた》えましょう。

1

インターネットは、㋐速報性《そくほうせい》においてはテレビやラジオをしのぎます。その場《ば》に端末《たんまつ》と回線《かいせん》が備《そな》わっていれば、瞬時《しゅんじ》に世界中《せかいじゅう》に情報《じょうほう》を送《おく》ることができます。また、テレビや新聞《しんぶん》のように時間《じかん》や文字数《もじすう》の制限《せいげん》もありません。

※端末《たんまつ》…ここでは、インターネットに接続《せつぞく》するための、コンピュータなどの機器《きき》のこと。

2

さらに、テレビ局《きょく》や新聞社《しんぶんしゃ》などの㋑マスメディアに属《ぞく》さない人《ひと》たちが、さまざまな立場《たちば》で情報《じょうほう》を発信《はっしん》することができます。しかし、あらゆる立場《たちば》の人《ひと》がアクセス可能《かのう》なだけに、その情報《じょうほう》が本当《ほんとう》なのかどうか、どういう立場《たちば》から発《はっ》せられたものなのか、㋒テレビや新聞以上《しんぶんいじょう》に情報《じょうほう》を判断《はんだん》する能力《のうりょく》（メディアリテラシー）が求《もと》められます。

※アクセス…インターネットに接続《せつぞく》すること。

（令和二年度版　光村図書　国語五　銀河「ニュースを伝えるマスメディア」による）

1

(1) 何《なん》というメディアについて書《か》かれていますか。

（　　　　　）

(2) ㋐速報性《そくほうせい》においてはテレビやラジオをしのぎます。とは、どういう意味《いみ》ですか。○をつけましょう。

（　）テレビやラジオより情報《じょうほう》がおそい。

（　）テレビやラジオより情報《じょうほう》を速《はや》く送《おく》ることができる。

2

(1) ㋑マスメディアに属《ぞく》さない人《ひと》たちとは、どんな意味《いみ》ですか。○をつけましょう。

（　）テレビ局《きょく》や新聞社《しんぶんしゃ》などで情報《じょうほう》を発信《はっしん》する仕事《しごと》をしている人《ひと》たち。

（　）テレビ局《きょく》や新聞社《しんぶんしゃ》などの一員《いちいん》ではない人《ひと》たち。

(2) ㋒テレビや新聞以上《しんぶんいじょう》に…求《もと》められます。とありますが、どのようなことを考《かんが》えながら情報《じょうほう》を判断《はんだん》すればいいのですか。二《ふた》つ書《か》きましょう。

その情報《じょうほう》が［　　］なのかどうか。

その情報《じょうほう》が、どういう［　　］から発《はっ》せられたものなのか。

複合語《ふくごうご》(1)

名前

(1) 次《つぎ》の文《ぶん》の□にあてはまる言葉《ことば》を□から選《えら》んで、「飛《と》び――」という複合語《ふくごうご》を作《つく》りましょう。

① 階《かい》だんを元気《げんき》に飛《と》び[上がる]。

② 大《おお》きな物音《ものおと》で夜中《よなか》に飛《と》び□。

③ 小鳥《ことり》が青《あお》い空《そら》を飛《と》び□。

上《あ》がる・回《まわ》る・起《お》きる

(2) 次《つぎ》の文《ぶん》の□にあてはまる言葉《ことば》を□から選《えら》んで、「――合《あ》う」という複合語《ふくごうご》を作《つく》りましょう。

① こまった時《とき》には、みんなで□合《あ》う。

② 手《て》と手《て》をしっかり□合《あ》う。

③ よりよい学校生活《がっこうせいかつ》のために、議題《ぎだい》を決《き》めて□合《あ》う。

話《はな》し・助《たす》け・つなぎ

複合語《ふくごうご》 (2)

名前

(1) 次《つぎ》の①~⑥は複合語《ふくごうご》の種類《しゅるい》です。①~⑥にあてはまる言葉《ことば》を[ ]から選《えら》んで書《か》きましょう。

① 和語《わご》 + 和語《わご》
〈例《れい》〉 魚市場《うおいちば》　話《はな》し合《あ》う

② 漢語《かんご》 + 漢語《かんご》
〈例《れい》〉 消費税《しょうひぜい》　人工衛星《じんこうえいせい》

③ 外来語《がいらいご》 + 外来語《がいらいご》
〈例《れい》〉 オレンジジュース　ビデオカメラ

④ 和語《わご》と漢語《かんご》の組《く》み合《あ》わせ
〈例《れい》〉 待《ま》ち時間《じかん》　雪合戦《ゆきがっせん》

⑤ 和語《わご》と外来語《がいらいご》の組《く》み合《あ》わせ
〈例《れい》〉 粉《こな》ミルク　スープ皿《ざら》

⑥ 外来語《がいらいご》と漢語《かんご》の組《く》み合《あ》わせ
〈例《れい》〉 ピアノ教室《きょうしつ》　最新《さいしん》データ

- 早起《はやお》き
- ボール投《な》げ
- 電子《でんし》メール
- 年賀《ねんが》はがき
- 輸入品《ゆにゅうひん》
- ゲームセンター

- 和語《わご》…訓読《くんよ》みの漢字《かんじ》やひらがなの言葉《ことば》。(例《れい》『速《はや》さ』)
- 漢語《かんご》…音読《おんよ》みの漢字《かんじ》の言葉《ことば》。(例《れい》『速度《そくど》』)
- 外来語《がいらいご》…ふつうカタカナで表《あらわ》す言葉《ことば》。(例《れい》『スピード』)

複合語《ふくごうご》 (3)

名前

(1) 次《つぎ》の複合語《ふくごうご》を、〈例《れい》〉にならって、もとの二《ふた》つの言葉《ことば》に分《わ》けましょう。

〈例《れい》〉
飛《と》び上《あ》がる → 飛ぶ ＋ 上がる
暑苦《あつくる》しい → 暑い ＋ 苦しい

① 魚市場《うおいちば》 → 魚 ＋ 市場

② 細長《ほそなが》い → ＋

③ 話《はな》し合《あ》う → ＋

④ 待《ま》ち時間《じかん》 → ＋

⑤ ピアノ教室《きょうしつ》 → ＋

(2) 次《つぎ》の複合語《ふくごうご》を、もとの三《みっ》つの言葉《ことば》に分《わ》けましょう。

① 音楽発表会《おんがくはっぴょうかい》 → ＋ ＋

② 交通安全週間《こうつうあんぜんしゅうかん》 → ＋ ＋

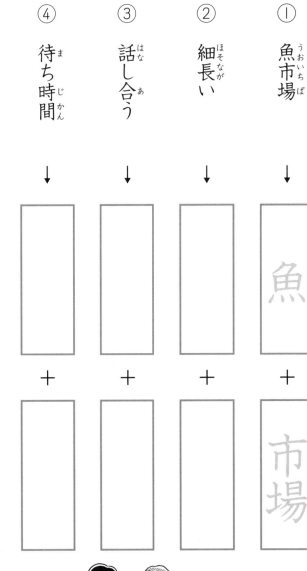

複《ふく》合《ごう》語《ご》 (4)

名前

(1) 次《つぎ》の二《ふた》つの言葉《ことば》を使《つか》って、〈例《れい》〉にならって、複合語《ふくごうご》を作《つく》りましょう。

〈例《れい》〉

書《か》く ＋ 直《なお》す → 書き直す

山《やま》 ＋ 登《のぼ》る → 山登り

① 歩《あゆ》む ＋ 寄《よ》る →

② 魚《さかな》 ＋ つる →

③ 登場《とうじょう》 ＋ 人物《じんぶつ》 →

④ 休《やす》む ＋ 時間《じかん》 →

⑤ ボール ＋ 投《な》げる →

(2) 次《つぎ》の三《みっ》つの言葉《ことば》を使《つか》って、複合語《ふくごうご》を作《つく》りましょう。

① 読書《どくしょ》 ＋ 感想《かんそう》 ＋ 文《ぶん》 →

② 図書《としょ》 ＋ 委員《いいん》 ＋ 長《ちょう》 →

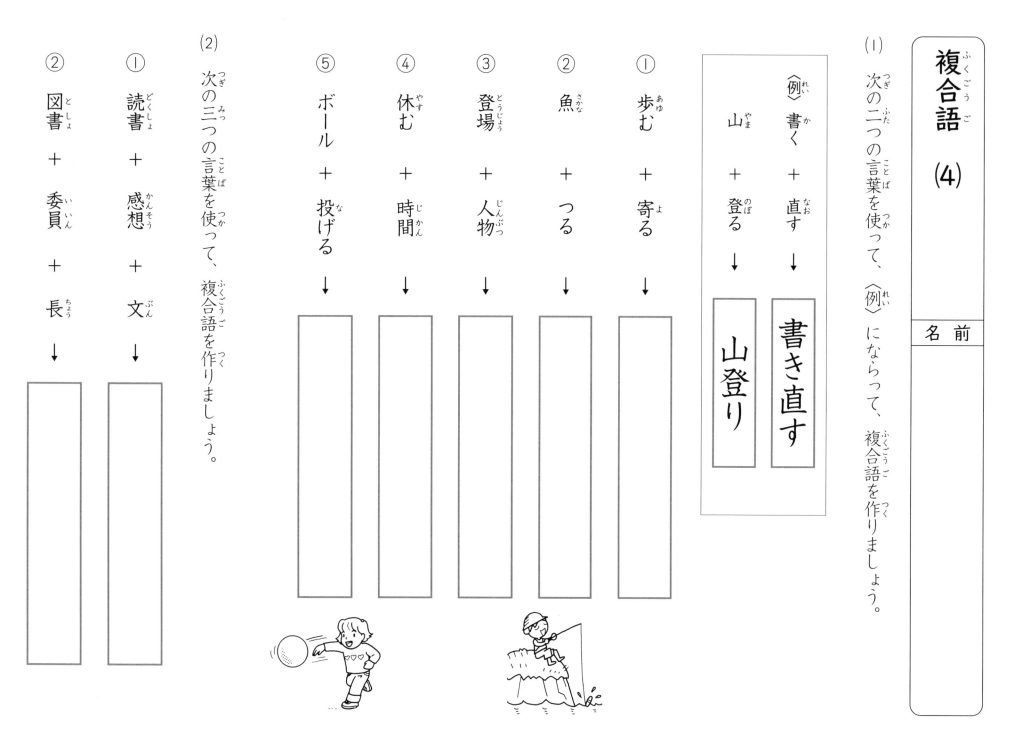

複《ふく》合《ごう》語《ご》 (5)

名前

(1) 次《つぎ》の複《ふく》合《ごう》語《ご》を、〈例《れい》〉にならって、もとの三《みっ》つの言葉《ことば》に分《わ》けましょう。

〈例《れい》〉 特《とく》別《べつ》試《し》写《しゃ》会《かい》

↓

特別＋試写＋会

① 子《こ》ども防《ぼう》犯《はん》ブック

↓

② 冬《とう》季《き》スポーツ大《たい》会《かい》

↓

(2) 次《つぎ》の複《ふく》合《ごう》語《ご》の、もとの長《なが》い複《ふく》合《ごう》語《ご》を下《した》から選《えら》んで——線《せん》で結《むす》びましょう。

① パソコン ・　　・ スマートフォン

② スマホ ・　　・ デジタルカメラ

③ デジカメ ・　　・ パーソナルコンピュータ

④ 図《ず》工《こう》 ・　　・ 国《こく》際《さい》連《れん》合《ごう》

⑤ 国《こく》連《れん》 ・　　・ 図《ず》画《が》工《こう》作《さく》

複《ふく》合《ごう》語《ご》 (6)

名前

(1) 次《つぎ》の二《ふた》つの言葉《ことば》を結《むす》び付《つ》けて複合語《ふくごうご》を作《つく》り、ひらがなで書《か》きましょう。

① ふで（筆）＋ はこ（箱）

ふでばこ

② まえ（前）＋ は（歯）

③ ふね（船）＋ たび（旅）

④ むかし（昔）＋ はなし（話）

⑤ しろ（白）＋ なみ（波）

⑥ あめ（雨）＋ くも（雲）

(2) 次《つぎ》の二《ふた》つの言葉《ことば》を結《むす》び付《つ》けて、様子《ようす》を表《あらわ》す複合語《ふくごうご》を作《つく》り、ひらがなで書《か》きましょう。

① 息《いき》 ＋ 苦《くる》しい

いきぐるしい

② 力《ちから》 ＋ 強《つよ》い

③ 青《あお》い ＋ 白《しろ》い

④ あまい ＋ すっぱい

伝《つた》わる表現《ひょうげん》を選《えら》ぼう

名前

● 次《つぎ》の㋐の文《ぶん》を、一年生《いちねんせい》に向《む》けて書《か》き直《なお》します。この文《ぶん》を読《よ》んで、問題《もんだい》に答《こた》えましょう。

㋐ 校外学習《こうがいがくしゅう》で、こん虫採集《ちゅうさいしゅう》に行《い》くにあたり、各自《かくじ》が適切《てきせつ》な容器《ようき》を持参《じさん》すること。

（令和二年度版　光村図書　国語五　銀河「伝わる表現を選ぼう」による）

(1) 〈例《れい》〉にならって、一年生《いちねんせい》にはむずかしそうな①〜⑤の言葉《ことば》を、やさしい言葉《ことば》に直《なお》します。[　]から言葉《ことば》を選《えら》んで（　）に書《か》きましょう。

〈例《れい》〉 校外学習《こうがいがくしゅう》 → （学校《がっこう》の外《そと》での学習《がくしゅう》）

① こん虫採集《ちゅうさいしゅう》 → （　　　）

② 各自《かくじ》 → （　　　）

③ 適切《てきせつ》な → （　　　）

④ 容器《ようき》 → （　　　）

⑤ 持参《じさん》する → （　　　）

・虫《むし》とり　・いれもの　・持《も》ってくる
・一人一人《ひとりひとり》　・ちょうどよい

(2) 次《つぎ》の表現《ひょうげん》は、どのように書《か》きかえるとよいでしょう。あてはまる方《ほう》に○をつけましょう。

① 行《い》くにあたり

（　）行《い》くときには

（　）行《い》かないときは

② 持参《じさん》すること。

（　）持《も》ってこい。

（　）持《も》ってきてください。

(3) (1)、(2)をもとにして、㋐の一文《いちぶん》を書《か》き直《なお》しましょう。

この本《ほん》、おすすめします (1)

名前

● 下級生《かきゅうせい》に本《ほん》をすいせんする文章《ぶんしょう》を書《か》くために、下書《したが》きをしました。次《つぎ》の、水野《みずの》さんが書《か》いた下書《したが》きの文章《ぶんしょう》を二回《にかい》読《よ》んで、問題《もんだい》に答《こた》えましょう。

生《い》き物《もの》の不思議《ふしぎ》がいっぱい
「にたものずかん　どっちがどっち!?」
今泉《いまいずみ》 忠明《ただあき》 監修《かんしゅう》
高岡《たかおか》 昌江《まさえ》 文《ぶん》　友永《ともなが》 たろ 絵《え》

㋐
　この本《ほん》は，チーターとヒョウ，サイとカバなど，似《に》ている生《い》き物《もの》のちがいを説明《せつめい》しています。大《おお》きな絵《え》を使《つか》って説明《せつめい》しているので，とても分《わ》かりやすい本《ほん》です。生《い》き物《もの》について，くわしくなりたい４年生《ねんせい》におすすめです。

㋑
　身近《みぢか》な生《い》き物《もの》や，よく知《し》っているつもりの生《い》き物《もの》についての，意外《いがい》と知《し》らない知識《ちしき》がたくさん書《か》かれているので，読《よ》むと，友達《ともだち》に知《し》らせたくなります。
　たくさんの情報《じょうほう》がのっていますが，とても読《よ》みやすい本《ほん》です。そして，似《に》ている動物《どうぶつ》を右《みぎ》ページと左《ひだり》ページにならべて示《しめ》してあるので，比《くら》べながら読《よ》むことができ，とても分《わ》かりやすいです。
　ぜひ読《よ》んで，生《い》き物博士《ものはかせ》になってください。

５年《ねん》１組《くみ》　水野《みずの》 かおり

（令和二年度版　光村図書　国語五　銀河　「この本、おすすめします」による）

(1) すいせんする本《ほん》の書名《しょめい》は何《なん》ですか。

(2) ㋐の文章《ぶんしょう》を読《よ》んで答《こた》えましょう。

① この本《ほん》は、何《なん》のちがいを説明《せつめい》していると書《か》いていますか。

② どんな人《ひと》に、この本《ほん》をおすすめしていますか。

(3) ㋑の文章《ぶんしょう》で、この本《ほん》を読《よ》むと友達《ともだち》に知《し》らせたくなるのは、どうしてだと書《か》いていますか。○をつけましょう。

（　）意外《いがい》と知《し》らない知識《ちしき》がたくさん書《か》かれているから。

（　）とても分《わ》かりやすいから。

(4) 相手《あいて》が読《よ》みたくなるように「よびかけ」の言葉《ことば》が書《か》かれています。文中《ぶんちゅう》から一文《いちぶん》で書《か》き出《だ》しましょう。

この本《ほん》、おすすめします (2)

名前

● 下級生《かきゅうせい》に本《ほん》をすいせんする文章《ぶんしょう》を、相手《あいて》が読《よ》みやすいように書《か》き方《かた》を工夫《くふう》して、清書《せいしょ》しました。次《つぎ》の、清書《せいしょ》の文章《ぶんしょう》の一部分《いちぶぶん》を二回《にかい》読《よ》んで、問題《もんだい》に答《こた》えましょう。

あっというまに生《い》き物《もの》はかせ

生《い》き物《もの》にくわしくなりたい
4年生《ねんせい》におすすめ

「にたものずかん　どっちがどっち!?」
今泉《いまいずみ》 忠明《ただあき》 監修《かんしゅう》　高岡《たかおか》 昌江《まさえ》 文《ぶん》　友永《ともなが》 たろ 絵《え》

この本《ほん》は，チーターとヒョウなど，似《に》ている生《い》き物《もの》のちがいを，絵《え》を使《つか》って分《わ》かりやすく説明《せつめい》した本《ほん》です。おすすめしたい理由《りゆう》は，二《ふた》つあります。

おすすめポイント①

身近《みぢか》な生《い》き物《もの》や，よく知《し》っているつもりの生《い》き物《もの》についての，意外《いがい》と知《し》らないひみつを知《し》ることができます。読《よ》むと，必《かなら》ず友達《ともだち》に知《し》らせたくなります。

おすすめポイント②

たくさんの情報《じょうほう》が，読《よ》みやすく，分《わ》かりやすい形《かたち》でのっています。この図鑑《ずかん》は，絵《え》が大《おお》きくて読《よ》みやすいです。また，似《に》ている動物《どうぶつ》の絵《え》や情報《じょうほう》を右《みぎ》のページと左《ひだり》のページにならべてのせているので，比《くら》べて読《よ》むことができ，とても分《わ》かりやすいです。

（令和二年度版　光村図書　国語五　銀河　「この本、おすすめします」による）

(1) この文章全体《ぶんしょうぜんたい》の見出《みだ》しは、何《なん》ですか。

[　　　　]

(2) 書《か》き方《かた》の工夫《くふう》として、目立《めだ》つように線《せん》でかこまれているのは、どんなことですか。二《ふた》つに○をつけましょう。

（　）見出《みだ》し。
（　）どんな人《ひと》におすすめの本《ほん》か。
（　）書名《しょめい》や筆者名《ひっしゃめい》など、本《ほん》の情報《じょうほう》。
（　）本《ほん》の内容《ないよう》のしょうかい。

(3) この本《ほん》をおすすめする理由《りゆう》は、いくつ書《か》かれていますか。

[　　]つ。

(4) この本《ほん》をおすすめしたい理由《りゆう》が書《か》かれている部分《ぶぶん》の工夫《くふう》として、合《あ》うものに○、合《あ》わないものには×をつけましょう。

（　）「おすすめポイント」という言葉《ことば》を目立《めだ》たせている。
（　）「おすすめポイント」ごとに長《なが》い一文《いちぶん》にまとめて書《か》いている。
（　）すいせんする理由《りゆう》を二《ふた》つに分《わ》けて書《か》いてある。

提案《ていあん》しよう、言葉《ことば》とわたしたち (1)

名前

教科書《きょうかしょ》の「提案《ていあん》しよう、言葉《ことば》とわたしたち」を読《よ》んで、答《こた》えましょう。

(1) 提案《ていあん》したいことが決《き》まったら、現状《げんじょう》（今《いま》のようす）について調《しら》べたり、根拠《こんきょ》（考《かんが》えのもとになる理由《りゆう》）となる情報《じょうほう》を集《あつ》めたりします。次《つぎ》の①、②の場合《ばあい》、どのような方法《ほうほう》で調《しら》べるとよいでしょう。□から二《ふた》つずつ選《えら》んで、記号《きごう》で答《こた》えましょう。

① 身《み》の回《まわ》りのことを調《しら》べる場合《ばあい》 □ □

② 一般的《いっぱんてき》な事実《じじつ》や、全国《ぜんこく》の実態《じったい》を調《しら》べる場合《ばあい》 □ □

㋐ インタビューをする。
㋑ インターネットを使《つか》う。
㋒ 本《ほん》や新聞《しんぶん》を読《よ》む。
㋓ アンケートを取《と》る。

(2) 提案《ていあん》するスピーチの構成《こうせい》を考《かんが》えます。話《はな》す順序《じゅんじょ》とその内容《ないよう》についてあてはまるものを——線《せん》で結《むす》びましょう。

① 初《はじ》め ・　　・ 提案内容《ていあんないよう》をもう一度《いちど》くり返《かえ》して、スピーチをまとめる。

② 中《なか》 ・　　・ 話題《わだい》と提案内容《ていあんないよう》を伝《つた》える。

③ 終《お》わり ・　　・ 調《しら》べて分《わ》かったことや、自分《じぶん》の体験《たいけん》を通《とお》して感《かん》じたことを伝《つた》える。

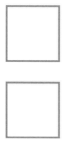

提案《ていあん》しよう、言葉《ことば》とわたしたち (2)

名前

教科書《きょうかしょ》の「提案《ていあん》しよう、言葉《ことば》とわたしたち」を読《よ》んで、答《こた》えましょう。

● 次《つぎ》の文章《ぶんしょう》は、言葉《ことば》の使《つか》い方《かた》に関《かん》する提案《ていあん》スピーチの最初《さいしょ》の部分《ぶぶん》です。文章《ぶんしょう》を読《よ》んで、問題《もんだい》に答《こた》え

文《ぶん》は、どのような言葉《ことば》で

味《み》を引《ひ》きつけていますか。

しょう。

ろきの事実《じじつ》を伝《つた》える言葉《ことば》。

手《て》に問《と》いかける言葉《ことば》。

伝《つた》えずに過《す》ごしてしまうことが多《おお》くあります。ですが、常《つね》に感謝《かんしゃ》の気持《きも》ちをもち、その気持《きも》ちを言葉《ことば》で伝《つた》えることは、㋐とても大切《たいせつ》です。

2 そこで、ぼくは、「いつでも、心《こころ》をこめて、ありがとう」を提案《ていあん》します。これは、感謝《かんしゃ》の気持《きも》ちを伝《つた》えるための最《もっと》も簡単《かんたん》な方法《ほうほう》として、何《なに》かをしてもらったときには、いつも「ありがとう」と言《い》うようにしようというものです。

（令和二年度版　光村図書　国語五　銀河「提案しよう、言葉とわたしたち」による）

(2) ㋐とても大切《たいせつ》なのは、どんなことだといっていますか。

2

(1) 「ぼく（話《はな》し手《て》）」の提案《ていあん》のタイトルは、何《なん》ですか。

(2) 「ありがとう」と言《い》うことは、何《なに》をするための最《もっと》も簡単《かんたん》な方法《ほうほう》だといっていますか。

提案《ていあん》しよう、言葉《ことば》とわたしたち (3)

名前

教科書《きょうかしょ》の「提案《ていあん》しよう、言葉《ことば》とわたしたち」を読《よ》んで、答《こた》えましょう。

● 次《つぎ》の文章《ぶんしょう》は、言葉《ことば》の使《つか》い方《かた》に関《かん》する提案《ていあん》スピーチのつづきの一部分《いちぶぶん》です。文章《ぶんしょう》を読《よ》んで、問題《もんだい》に答《こた》えましょう。

1

まず、ぼくは、みなさんが、どんなとき、どんな人《ひと》に感謝《かんしゃ》の気持《きも》ちを言葉《ことば》で伝《つた》えているかについて、アンケートを取《と》りました。

……

この結果《けっか》から、身近《みぢか》な人《ひと》にほど、感謝《かんしゃ》の気持《きも》ちを伝《つた》えていない人《ひと》が多《おお》いことが分《わ》かりました。

2

でも、みなさん、だれかに感謝《かんしゃ》されたときのことを思《おも》い出《だ》してみてください。うれしいと感《かん》じたり、また手伝《てつだ》ってあげようという気持《きも》ちになったりしますよね。インターネットを使《つか》って調《しら》べてみると、働《はたら》く人《ひと》に、仕事《しごと》で言《い》われてうれしい言葉《ことば》をきいた調査《ちょうさ》がありました。※この表《ひょう》が、㋐その結果《けっか》です。男女《だんじょ》ともに、一位《いちい》は「ありがとう」という感謝《かんしゃ》の言葉《ことば》でした。やはり、多《おお》くの人《ひと》が、感謝《かんしゃ》の言葉《ことば》によってはげまされているのだなと思《おも》いました。

※「この表《ひょう》」の表《ひょう》は省略《しょうりゃく》しています。

（令和二年度版　光村図書　国語五　銀河「提案しよう、言葉とわたしたち」による）

1 「ぼく」は、まず、何《なに》について、アンケートを取《と》りましたか。

2

(1) 今度《こんど》は、何《なに》を使《つか》って調《しら》べましたか。

(2) その結果《けっか》とは、何《なん》の調査《ちょうさ》の結果《けっか》ですか。

働《はたら》く人《ひと》に、［　　　］をきいた調査《ちょうさ》。

(3) ㋐その結果《けっか》から、「ぼく」（話《はな》し手《て》）は、どのようなことを思《おも》いましたか。文中《ぶんちゅう》から書《か》き出《だ》しましょう。

日本語《にほんご》の表記《ひょうき》 (1)

名前

教科書《きょうかしょ》の「日本語《にほんご》の表記《ひょうき》」を読《よ》んで、答《こた》えましょう。

(1) 次《つぎ》の文《ぶん》は、日本語《にほんご》の表記《ひょうき》について説明《せつめい》したものです。（　）に合《あ》う言葉《ことば》を［　］から選《えら》んで書《か》きましょう。

① 日本語《にほんご》の文章《ぶんしょう》を書《か》き表《あらわ》すときは、ふつう、（　　　）と仮名《かな》（ひらがな・かたかな）を使《つか》います。

② 漢字《かんじ》は、一字一字《いちじいちじ》が意味《いみ》を表《あらわ》す、（　　　）です。これに対《たい》して、仮名《かな》（ひらがな・かたかな）は、意味《いみ》を表《あらわ》さず、音《おん》だけを表《あらわ》す、（　　　）です。

③ 現在《げんざい》の日本語《にほんご》では、ローマ字《じ》も使《つか》われており、ローマ字表記《じひょうき》には、（　　　）を使《つか》います。

表音文字《ひょうおんもじ》・アルファベット
表意文字《ひょういもじ》・漢字《かんじ》

(2) 次《つぎ》の文字《もじ》の中《なか》から、読《よ》み方《かた》が一《ひと》つだけの文字《もじ》を二《ふた》つ選《えら》んで○をつけましょう。

（　）漢字《かんじ》
（　）仮名《かな》
（　）ローマ字《じ》

漢字《かんじ》の多《おお》くは、音訓《おんくん》の読《よ》み方《かた》があるね。地名《ちめい》は、漢字《かんじ》だけでは何《なん》と読《よ》むのか分《わ》かりづらいので、駅《えき》や道路《どうろ》のかんばんなどでは仮名《かな》やローマ字《じ》でも示《しめ》されているよ。

日本語《にほんご》の表記《ひょうき》 (2)

名前

日本語《にほんご》には、同《おな》じ音《おん》の言葉《ことば》が多《おお》くあります。そのため、漢字《かんじ》で書《か》かないと意味《いみ》が正確《せいかく》に伝《つた》わらないことがあります。

〈例《れい》〉

牛《うし》のしりょうをさがした。

飼料　「家畜《かちく》のえさ」という意味《いみ》。

資料　「調《しら》べるときの参考材料《さんこうざいりょう》」という意味《いみ》。

● 次《つぎ》の㋐、㋑の意味《いみ》になるように、――線《せん》の言葉《ことば》を[ ]から選《えら》んで漢字《かんじ》で書《か》きましょう。

① 一年《いちねん》ぶりにさいかいする。

㋐「また始《はじ》める」という意味《いみ》。

㋑「また会《あ》う」という意味《いみ》。

再会 ・ 再開

② 今《いま》から、かていの話《はなし》をしよう。

㋐「かりにそうだと決《き》める」という意味《いみ》。

㋑「かぞくが生活《せいかつ》するところ」という意味《いみ》。

仮定 ・ 家庭

大造《だいぞう》じいさんとガン (1)

名前

● 教科書《きょうかしょ》の「大造《だいぞう》じいさんとガン」の全文《ぜんぶん》を読《よ》んだ後《あと》、次《つぎ》の文章《ぶんしょう》を二回《にかい》読《よ》んで、答《こた》えましょう。

1

今年《ことし》もまた、ぼつぼつ、例《れい》のぬま地《ち》にガンの来《く》る季節《きせつ》になりました。

大造《だいぞう》じいさんは、生《い》きたドジョウを入《い》れたどんぶりを持《も》って、鳥小屋《とりごや》の方《ほう》に行《い》きました。じいさんが小屋《こや》に入《はい》ると、一羽《いちわ》のガンが、羽《はね》をばたつかせながら、じいさんに飛《と》び付《つ》いてきました。

※例《れい》の…いつもと同《おな》じ。いつもの。

2

㋐このガンは、二年前《にねんまえ》、じいさんがつりばりの計略《けいりゃく》で生《い》けどったものだったのです。今《いま》では、㋑すっかりじいさんになついていました。

ときどき、鳥小屋《とりごや》から運動《うんどう》のために外《そと》に出《だ》してやるが、ヒュー、ヒュー、ヒューと口笛《くちぶえ》をふけば、どこにいてもじいさんのところに帰《かえ》ってきて、そのかた先《さき》に止《と》まるほどになれていました。

※計略《けいりゃく》…(ガンを手《て》にいれる)うまい計画《けいかく》。はかりごと。
※生《い》けどったもの…生《い》きたまままつかまえたもの。

(令和二年度版 光村図書 国語五 銀河 椋《むく》 鳩十《はとじゅう》)

1

(1) 今年《ことし》もまた、どんな季節《きせつ》になりましたか。

ぼつぼつ、例《れい》の [　　] に [　　] 季節《きせつ》。

(2) 鳥小屋《とりごや》に入《はい》った大造《だいぞう》じいさんに飛《と》び付《つ》いてきたものは、何《なん》でしたか。

2

(1) ㋐このガンとは、二年前《にねんまえ》に、じいさんがどのようにして手《て》に入《い》れたものですか。文中《ぶんちゅう》の言葉《ことば》で書《か》き出《だ》しましょう。

(2) ガンが、㋑すっかりじいさんになついている様子《ようす》に合《あ》うものを二《ふた》つ選《えら》んで○をつけましょう。

(　) ときどき、じいさんと運動《うんどう》している。
(　) 鳥小屋《とりごや》の外《そと》にいても、じいさんの口笛《くちぶえ》の合図《あいず》で帰《かえ》ってくる。
(　) 鳥小屋《とりごや》の屋根《やね》の先《さき》に止《と》まる。
(　) じいさんのかた先《さき》に止《と》まる。

大造《だいぞう》じいさんとガン (2)

名前

● 次《つぎ》の文章《ぶんしょう》を二回《にかい》読《よ》んで、答《こた》えましょう。

1

大造《だいぞう》じいさんは、ガンがどんぶりから え《（えさ）》を食《た》べているのを、じっと見《み》つめながら、

「今年《ことし》はひとつ、これを使《つか》ってみるかな。」

と、㋐独《ひと》り言《ごと》を言《い》いました。

※独《ひと》り言《ごと》…相手《あいて》がいないのに、自分《じぶん》だけでものを言《い》うこと。

2

じいさんは、長年《ながねん》の経験《けいけん》で、ガンは、いちばん最初《さいしょ》に飛《と》び立《た》ったものの後《あと》について飛《と》ぶ、ということを知《し》っていたので、このガンを手《て》に入《い》れたときから、ひとつ、㋑これをおとりに使《つか》って、残雪《ざんせつ》の仲間《なかま》をとらえてやろうと、考《かんが》えていたのでした。

※おとり…残雪《ざんせつ》（ガン）をさそいよせるために使《つか》うもの。

（令和二年度版　光村図書　国語五　銀河　椋《むく》　鳩十《はとじゅう》）

1

(1) 大造《だいぞう》じいさんは、ガンが何《なに》をしている様子《ようす》をじっと見《み》つめましたか。

［　　　　　　］様子《ようす》。

(2) ㋐独《ひと》り言《ごと》とは、だれが言《い》った言葉《ことば》ですか。

［　　　　　　］

2

(1) じいさんが長年《ながねん》の経験《けいけん》で知《し》っていたのは、どんなことですか。文中《ぶんちゅう》の言葉《ことば》で書《か》き出《だ》しましょう。

［　　　　　　］ということ。

(2) ㋑これとは、何《なに》を指《さ》しますか。一《ひと》つに○をつけましょう。

（　）どんぶりの中《なか》のえさ。

（　）えさを食《た》べている一羽《いちわ》のガン。

（　）残雪《ざんせつ》。

大造《だいぞう》じいさんとガン (3)

名前

● 次《つぎ》の文章《ぶんしょう》を二回《にかい》読《よ》んで、答《こた》えましょう。

1

さて、いよいよ残雪《ざんせつ》の一群《いちぐん》が今年《ことし》もやって来《き》たと聞《き》いて、大造《だいぞう》じいさんは、ぬま地《ち》へ出《で》かけていきました。

2

ガンたちは、昨年《さくねん》じいさんが小屋《こや》がけした所《ところ》から、たまのとどくきょりの三倍《さんばい》もはなれている地点《ちてん》を、えさ場《ば》にしているようでした。そこは、夏《なつ》の出水《しゅっすい》で大《おお》きな水《みず》たまりができて、ガンのえ《(えさ)》が十分《じゅうぶん》にあるらしかったのです。

㋐「うまくいくぞ。」

大造《だいぞう》じいさんは、青《あお》くすんだ空《そら》を見上《みあ》げながら、にっこりとしました。

※小屋《こや》がけ…小屋《こや》を建《た》てること。
※出水《しゅっすい》…雨《あめ》がふるなどして、水量《すいりょう》が増《ま》すこと。

（令和二年度版　光村図書　国語五　銀河　椋《むく》　鳩十《はとじゅう》）

1 大造《だいぞう》じいさんは、どんな話《はなし》を聞《き》いて、ぬま地《ち》へ出《で》かけていきましたか。文中《ぶんちゅう》の言葉《ことば》で書《か》き出《だ》しましょう。

[　　　　] という話《はなし》。

2 (1) ガンたちが、今年《ことし》えさ場《ば》にした地点《ちてん》は、どんなところでしたか。

昨年《さくねん》じいさんが小屋《こや》がけした所《ところ》から、[　　　　] きょりの [　　　　] もはなれているところで、夏《なつ》の出水《しゅっすい》で大《おお》きな水《みず》たまりができて、ガンの [　　　　] が十分《じゅうぶん》にあるところ。

(2) ㋐「うまくいくぞ。」と言《い》ったときの、大造《だいぞう》じいさんの様子《ようす》や気持《きも》ちが分《わ》かる一文《いちぶん》を文中《ぶんちゅう》から書《か》き出《だ》しましょう。

大造《だいぞう》じいさんとガン (4)

名前

● 次《つぎ》の文章《ぶんしょう》を二回《にかい》読《よ》んで、答《こた》えましょう。

1

〔残雪《ざんせつ》の一群《いちぐん》が今年《ことし》もやって来《き》たと聞《き》いて、大造《だいぞう》じいさんは、ぬま地《ち》へ出《で》かけていきました。〕

その夜《よる》のうちに、
飼《か》いならしたガンを
例《れい》のえさ場《ば》に放《はな》ち、
昨年《さくねん》建《た》てた小屋《こや》の中《なか》に
もぐりこんで、ガンの群《む》れを
待《ま》つことにしました。
㋐「さあ、いよいよ戦闘開始《せんとうかいし》だ。」
東《ひがし》の空《そら》が真《ま》っ赤《か》に燃《も》えて、
朝《あさ》が来《き》ました。

2

残雪《ざんせつ》は、いつものように
群《む》れの先頭《せんとう》に立《た》って、
美《うつく》しい朝《あさ》の空《そら》を、
真一文字《まいちもんじ》に横切《よこぎ》って
やって来《き》ました。

（令和二年度版　光村図書　国語五　銀河　椋《むく》　鳩十《はとじゅう》）

1 ㋐「さあ、いよいよ戦闘開始《せんとうかいし》だ。」について答《こた》えましょう。

① 大造《だいぞう》じいさんは、「戦闘開始《せんとうかいし》」に向《む》けて、何《なに》をしましたか。二《ふた》つに○をつけましょう。

（　）飼《か》いならしたガンにえさをあげた。
（　）飼《か》いならしたガンをえさ場《ば》に放《はな》った。
（　）小屋《こや》の中《なか》にもぐりこみ、ガンの群《む》れを待《ま》った。

② 「さあ、いよいよ戦闘開始《せんとうかいし》だ。」と言《い》ったときの情景《じょうけい》がえがかれた一文《いちぶん》を、文中《ぶんちゅう》から書《か》き出《だ》しましょう。

2

(1) ガンの群《む》れの先頭《せんとう》に立《た》って、やって来《き》たのは、だれですか。

(2) 残雪《ざんせつ》たちガンの群《む》れは、どのようにしてやって来《き》ましたか。

美《うつく》しい＿＿＿＿を、
真一文字《まいちもんじ》に＿＿＿＿
やって来《き》た。

大造《だいぞう》じいさんとガン (5)

名前

● 次《つぎ》の文章《ぶんしょう》を二回《にかい》読《よ》んで、答《こた》えましょう。

1

[残雪《ざんせつ》は、ガンの群《む》れの先頭《せんとう》に立《た》って、えさ場《ば》にやって来《き》ました。]

やがて、えさ場《ば》に下《お》りると、グワア、グワアというやかましい声《こえ》で鳴《な》き始《はじ》めました。大造《だいぞう》じいさんのむねは、わくわくしてきました。しばらく目《め》をつぶって、心《こころ》の落《お》ち着《つ》くのを待《ま》ちました。

そして、冷《ひ》え冷《び》えするじゅうしんをぎゅっとにぎりしめました。

※じゅうしん…てっぽうの、たまの通《とお》るつつの部分《ぶぶん》。

2

じいさんは目《め》を開《ひら》きました。

「さあ、今日《きょう》こそ、あの残雪《ざんせつ》めに㋐ひとあわふかせてやるぞ。」

くちびるを二《に》、三回《さんかい》静《しず》かにぬらしました。そして、あのおとりを飛《と》び立《た》たせるために口笛《くちぶえ》をふこうと、くちびるをとんがらせました。

（令和二年度版　光村図書　国語五　銀河　椋《むく》　鳩十《はとじゅう》）

1

(1) ガンの群《む》れは、どこに下《お》りて来《き》ましたか。

［　　　　　　］

(2) ガンがやかましい声《こえ》で鳴《な》き始《はじ》めたのを聞《き》いた大造《だいぞう》じいさんは、どんな様子《ようす》になりましたか。

むねが［　　　　］してきた。

(3) 大造《だいぞう》じいさんは、しばらく目《め》をつぶって、どんなことを待《ま》ちましたか。

心《こころ》が［　　　　］こと。

2

(1) ㋐ひとあわふかせてやるとは、どんな意味《いみ》ですか。○をつけましょう。

（　）びっくりさせてやる。

（　）楽《たの》しませてやる。

(2) じいさんが口笛《くちぶえ》をふこうとしたのは、何《なん》のためでしたか。

□□□を□□□□□□ため。

大造《だいぞう》じいさんとガン (6)

名前

● 次《つぎ》の文章《ぶんしょう》を二回《にかい》読《よ》んで、答《こた》えましょう。

1

〔大造《だいぞう》じいさんは、おとりのガンを飛《と》び立《た》たせるために口笛《くちぶえ》をふこうとしました。〕

と、そのとき、㋐ものすごい羽音《はおと》とともに、ガンの群《む》れが一度《いちど》にバタバタと飛《と》び立《た》ちました。

「どうしたことだ。」

じいさんは、小屋《こや》の外《そと》にはい出《だ》してみました。

2

ガンの群《む》れを目《め》がけて、白《しろ》い雲《くも》の辺《あた》りから、㋑何《なに》か一直線《いっちょくせん》に落《お》ちてきました。

「ハヤブサだ。」

ガンの群《む》れは、残雪《ざんせつ》に導《みちび》かれて、実《じつ》にすばやい動作《どうさ》で、㋒ハヤブサの目《め》をくらましながら飛《と》び去《さ》っていきます。

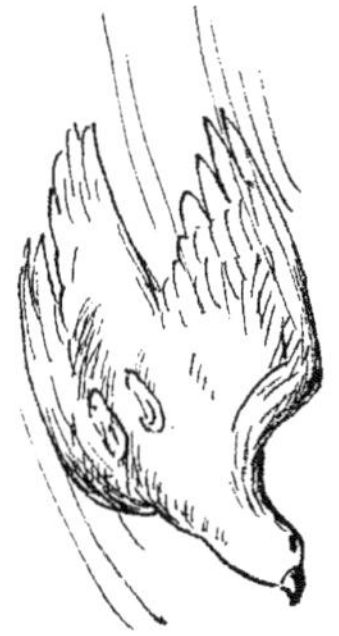

※導《みちび》く…案内《あんない》する。教《おし》える。

（令和二年度版　光村図書　国語五　銀河　椋《むく》　鳩十《はとじゅう》）

1

(1) ㋐ものすごい羽音《はおと》とは、何《なん》の音《おと》ですか。一《ひと》つに○をつけましょう。

(　) 残雪《ざんせつ》が大《おお》きくはばたく音《おと》。

(　) ガンの群《む》れがばらばらに飛《と》び立《た》つ音《おと》。

(　) ガンの群《む》れが一度《いちど》に飛《と》び立《た》つ音《おと》。

(2) じいさんは、どこにはい出《だ》してみましたか。

2

(1) ㋑何《なに》かについて答《こた》えましょう。

① 「何《なに》か」は、何《なに》を目《め》がけて落《お》ちてきましたか。

② 白《しろ》い雲《くも》の辺《あた》りから、一直線《いっちょくせん》に落《お》ちてきた「何《なに》か」とは、何《なん》でしたか。

(2) ㋒ハヤブサの目《め》をくらましながら飛《と》び去《さ》っていきます。とは、どんな意味《いみ》ですか。○をつけましょう。

(　) ハヤブサをごまかしながら飛《と》んでにげていきます。

(　) ハヤブサの目《め》をこうげきしながらその周《まわ》りを飛《と》び回《まわ》っています。

大造《だいぞう》じいさんとガン (7)

名前

● 次《つぎ》の文章《ぶんしょう》を二回《にかい》読《よ》んで、答《こた》えましょう。

1

（とつぜんハヤブサが現《あらわ》れましたが、ガンの群《む》れは、残雪《ざんせつ》に導《みちび》かれて、すばやく飛《と》び去《さ》っていきます。）

「あっ。」

一羽《いちわ》、飛《と》びおくれたのがいます。

大造《だいぞう》じいさんのおとりのガンです。長《なが》い間飼《あいだか》いならされていたので、野鳥《やちょう》としての本能《ほんのう》がにぶっていたのでした。

ハヤブサは、その一羽《いちわ》を見《み》のがしませんでした。

2

じいさんは、ピュ、ピュ、ピュと口笛《くちぶえ》をふきました。

こんな命《いのち》がけの場合《ばあい》でも、㋐飼《か》い主《ぬし》のよび声《ごえ》を聞《き》き分《わ》けたとみえて、ガンは、㋑こっちに方向《ほうこう》を変《か》えました。

ハヤブサは、その道《みち》をさえぎって、パーンと一《ひと》けり けりました。

ぱっと、白《しろ》い羽毛《うもう》があかつきの空《そら》に光《ひか》って散《ち》りました。ガンの体《からだ》はななめにかたむきました。

（令和二年度版　光村図書　国語五　銀河　椋《むく》　鳩十《はとじゅう》）

1

(1) 飛《と》びおくれた一羽《いちわ》のガンは、どういうガンでしたか。文中《ぶんちゅう》の言葉《ことば》で書《か》き出《だ》しましょう。

(2) おとりのガンが、野鳥《やちょう》としての本能《ほんのう》がにぶっていたのは、どうしてですか。

大造《だいぞう》じいさんに、長《なが》い間《あいだ》［　　］いたから。

2

(1) ㋐飼《か》い主《ぬし》のよび声《ごえ》とは、何《なん》のことですか。○をつけましょう。

（　）大造《だいぞう》じいさんが大声《おおごえ》でよぶ声《こえ》。

（　）大造《だいぞう》じいさんがふいた口笛《くちぶえ》の音《おと》。

(2) ㋑こっちとは、何《なに》を指《さ》していますか。

［　　］がいるところ。

(3) ハヤブサが一《ひと》けり けったのは、何《なん》でしたか。一《ひと》つに○をつけましょう。

（　）大造《だいぞう》じいさん。

（　）大造《だいぞう》じいさんのおとりのガン。

（　）残雪《ざんせつ》といっしょにやって来《き》たガン。

大造《だいぞう》じいさんとガン (8)

名前

● 次《つぎ》の文章《ぶんしょう》を二回《にかい》読《よ》んで、答《こた》えましょう。

1

［ハヤブサは、飛《と》びおくれた一羽《いちわ》のガンを、一《ひと》けり　けりました。］

もう一《ひと》けりと、ハヤブサがこうげきの姿勢《しせい》をとったとき、さっと、㋐大《おお》きなかげが空《そら》を横切《よこぎ》りました。

残雪《ざんせつ》です。

大造《だいぞう》じいさんは、ぐっとじゅうをかたに当《あ》て、残雪《ざんせつ》をねらいました。が、なんと思《おも》ったか、再《ふたた》びじゅうを下《お》ろしてしまいました。

2

残雪《ざんせつ》の目《め》には、人間《にんげん》もハヤブサもありませんでした。ただ、救《すく》わねばならぬ仲間《なかま》のすがたがあるだけでした。

いきなり、㋑てきにぶつかっていきました。そして、あの大《おお》きな羽《はね》で、力《ちから》いっぱい相手《あいて》をなぐりつけました。

（令和二年度版　光村図書　国語五　銀河　椋《むく》　鳩十《はとじゅう》）

1

(1) ㋐大《おお》きなかげが空《そら》を横切《よこぎ》ったのは、ハヤブサが何《なに》をしたときでしたか。

［　　　］の姿勢《しせい》をとったとき。

(2) ㋐大《おお》きなかげとは、何《なん》のかげでしたか。○をつけましょう。

（　）残雪《ざんせつ》　（　）大造《だいぞう》じいさん

(3) 残雪《ざんせつ》を見《み》つけた大造《だいぞう》じいさんは、どうしましたか。○をつけましょう。

（　）残雪《ざんせつ》をねらって、じゅうでうった。

（　）残雪《ざんせつ》をじゅうでねらったが、うたずにじゅうを下《お》ろした。

2

(1) 残雪《ざんせつ》の目《め》にあったものは、何《なん》でしたか。文中《ぶんちゅう》の言葉《ことば》で書《か》き出《だ》しましょう。

(2) ㋑てきにぶつかっていったのは、だれですか。

(3) ㋑てきとは、だれ（何《なに》）ですか。

大造《だいぞう》じいさんとガン ⑼

名前

● 次《つぎ》の文章《ぶんしょう》を二回《にかい》読《よ》んで、答《こた》えましょう。

1

［残雪《ざんせつ》は、大《おお》きな羽《はね》で力《ちから》いっぱいハヤブサをなぐりつけました。］

不意《ふい》を打《う》たれて、さすがのハヤブサも、空中《くうちゅう》でふらふらとよろめきました。が、㋐ハヤブサもさるものです。さっと体勢《たいせい》を整《ととの》えると、残雪《ざんせつ》のむな元《もと》に飛《と》びこみました。

※不意《ふい》を打《う》たれる…思《おも》いかげないことをされる。ここでは、残雪《ざんせつ》にこうげきされたこと。

2

ぱっ

ぱっ

㋑羽《はね》が、白《しろ》い花弁《かべん》のように、すんだ空《そら》に飛《と》び散《ち》りました。

そのまま、ハヤブサと残雪《ざんせつ》は、もつれ合《あ》って、ぬま地《ち》に落《お》ちていきました。

※花弁《かべん》…花《はな》びら。

（令和二年度版　光村図書　国語五　銀河　椋《むく》　鳩十《はとじゅう》）

1

㋐ハヤブサもさるものです。について答《こた》えましょう。

① 「さるもの」とは、どんな意味《いみ》ですか。○をつけましょう。

（　）ゆだんできない、手《て》ごわいもの。

（　）さるのように、かしこいもの。

② 「ハヤブサもさるものです。」とは、ハヤブサのどんな行動《こうどう》を指《さ》していますか。文中《ぶんちゅう》から一文《いちぶん》を書《か》き出《だ》しましょう。

［　　　　］

2

(1) ㋑羽《はね》が、白《しろ》い花弁《かべん》のように、すんだ空《そら》に飛《と》び散《ち》りました。から、残雪《ざんせつ》とハヤブサのどんな様子《ようす》が分《わ》かりますか。○をつけましょう。

（　）残雪《ざんせつ》とハヤブサがはなれて飛《と》び去《さ》っていく様子《ようす》。

（　）残雪《ざんせつ》とハヤブサが空中《くうちゅう》ではげしく戦《たたか》っている様子《ようす》。

(2) ぬま地《ち》に落《お》ちていったのは、だれ（何《なに》）とだれ（何《なに》）ですか。

［　　　　］と［　　　　］

大造《だいぞう》じいさんとガン (10)

名前

● 次《つぎ》の文章《ぶんしょう》を二回読《にかいよ》んで、答《こた》えましょう。

1

「ハヤブサと残雪《ざんせつ》は、もつれ合《あ》って、ぬま地《ち》に落《お》ちていきました。」

大造《だいぞう》じいさんはかけつけました。二羽《にわ》の鳥《とり》は、なおも地上《ちじょう》ではげしく戦《たたか》っていました。が、ハヤブサは、人間《にんげん》のすがたをみとめると、急《きゅう》に戦《たたか》いをやめて、よろめきながら飛《と》び去《さ》っていきました。

※みとめる…発見《はっけん》する。確《たし》かめる。

2

残雪《ざんせつ》は、㋐むねの辺《あた》りをくれないにそめて、ぐったりとしていました。しかし、㋑第二《だいに》のおそろしいてきが近《ちか》づいたのを感《かん》じると、残《のこ》りの力《ちから》をふりしぼって、ぐっと長《なが》い首《くび》を持《も》ち上《あ》げました。そして、じいさんを正面《しょうめん》からにらみつけました。

それは、鳥《とり》とはいえ、㋒いかにも頭領《とうりょう》らしい、堂々《どうどう》たる態度《たいど》のようでありました。

※くれない…あざやかな赤色《あかいろ》。
※頭領《とうりょう》…みんなをまとめ、治《おさ》めるもの。リーダー。

（令和二年度版　光村図書　国語五　銀河　椋《むく》　鳩十《はとじゅう》）

1 の文章《ぶんしょう》を読《よ》んで、答《こた》えましょう。

(1) ハヤブサが、急《きゅう》に戦《たたか》いをやめて飛《と》び去《さ》っていったのは、何《なに》を見《み》たからですか。

2 の文章《ぶんしょう》を読《よ》んで、答《こた》えましょう。

(1) ㋐むねの辺《あた》りをくれないにそめてとは、残雪《ざんせつ》のどんな様子《ようす》を表《あらわ》していますか。〇をつけましょう。

(　)血《ち》が出《で》るようなけがをしている。

(　)おこってこうふんしている。

(2) ㋑第二《だいに》のおそろしいてきとは、だれのことですか。〇をつけましょう。

(　)ハヤブサ　(　)大造《だいぞう》じいさん

(3) ㋒いかにも頭領《とうりょう》らしい、堂々《どうどう》たる態度《たいど》とは、残雪《ざんせつ》のどのような行動《こうどう》から感《かん》じられたことですか。文中《ぶんちゅう》から二《ふた》つ書《か》き出《だ》しましょう。

大造《だいぞう》じいさんとガン (11)

名前

● 次《つぎ》の文章《ぶんしょう》を二回《にかい》読《よ》んで、答《こた》えましょう。

1

［残雪《ざんせつ》は、ぐったりとしていましたが、大造《だいぞう》じいさんが近《ちか》づいたのを感《かん》じとると、首《くび》を持《も》ち上《あ》げ、じいさんを正面《しょうめん》からにらみつけました。］

大造《だいぞう》じいさんが手《て》をのばしても、残雪《ざんせつ》は、もうじたばたさわぎませんでした。それは、㋐最期《さいご》の時《とき》を感《かん》じて、せめて頭領《とうりょう》としてのいげんをきずつけまいと努力《どりょく》しているようでもありました。

※せめて…少《すく》なくとも。
※いげん…りっぱで、重々《おもおも》しいすがた。
※きずつけまいと…きずつけないようにしようと。

2

大造《だいぞう》じいさんは、強く㋑心《こころ》を打《う》たれて、ただの鳥《とり》に対《たい》しているような気《き》がしませんでした。

（令和二年度版　光村図書　国語五　銀河　椋《むく》　鳩十《はとじゅう》）

1

(1) 大造《だいぞう》じいさんが残雪《ざんせつ》の方《ほう》に手《て》をのばしたとき、残雪《ざんせつ》はどんな様子《ようす》でしたか。

もう［　　　　］さわがなかった。

(2) ㋐最期《さいご》の時《とき》とは、どんな意味《いみ》ですか。○をつけましょう。

（　）戦《たたか》いの終《お》わりが近《ちか》づいたとき。

（　）命《いのち》の終《お》わるとき。

(3) ㋐最期《さいご》の時《とき》を感《かん》じた残雪《ざんせつ》は、どんなことを努力《どりょく》しているように見《み》えましたか。文中《ぶんちゅう》の言葉《ことば》で書《か》き出《だ》しましょう。

［　　　　］

2

(1) ㋑心《こころ》を打《う》たれるとは、どんな意味《いみ》ですか。○をつけましょう。

（　）感動《かんどう》する。　（　）心配《しんぱい》する。

(2) ㋑心《こころ》を打《う》たれた大造《だいぞう》じいさんは、残雪《ざんせつ》のことをどう思《おも》いましたか。文中《ぶんちゅう》の言葉《ことば》で書《か》きましょう。

［□□□□］という気《き》がしなかった。

大造《だいぞう》じいさんとガン (12)

名前

● 次《つぎ》の文章《ぶんしょう》を二回《にかい》読《よ》んで、答《こた》えましょう。

1

残雪《ざんせつ》は、大造《だいぞう》じいさんのおりの中《なか》で、一冬《ひとふゆ》をこしました。春《はる》になると、そのむねのきずも治《なお》り、体力《たいりょく》も元《もと》のようになりました。

2

ある晴《は》れた春《はる》の朝《あさ》でした。

じいさんは、おりのふたをいっぱいに開《あ》けてやりました。

残雪《ざんせつ》は、あの長《なが》い首《くび》をかたむけて、とつぜんに広《ひろ》がった世界《せかい》におどろいたようでありました。が、

バシッ。

快《こころよ》い羽音《はおと》一番《いちばん》、

㋐一直線《いっちょくせん》に空《そら》へ飛《と》び上《あ》がりました。

らんまんとさいたスモモの花《はな》が、その羽《はね》にふれて、雪《ゆき》のように清《きよ》らかに、はらはらと散《ち》りました。

※らんまん…花《はな》のさきみだれるようす。

(令和二年度版　光村図書　国語五　銀河　椋《むく》　鳩十《はとじゅう》)

1

残雪《ざんせつ》は、どこで一冬《ひとふゆ》をこしましたか。

2

(1) 大造《だいぞう》じいさんがおりのふたをいっぱいに開《あ》けてやったのは、いつのことですか。

(2) 大造《だいぞう》じいさんがおりのふたをいっぱいに開《あ》けてやったとき、最初《さいしょ》、残雪《ざんせつ》はどんなふうに見《み》えましたか。

ようであった。

(3) ㋐一直線《いっちょくせん》に空《そら》へ飛《と》び上《あ》がった残雪《ざんせつ》の羽《はね》にふれたスモモの花《はな》は、どうなりましたか。文中《ぶんちゅう》の言葉《ことば》で書《か》き出《だ》しましょう。

大造《だいぞう》じいさんとガン (13)

名前

● 次《つぎ》の文章《ぶんしょう》を二回《にかい》読んで、答《こた》えましょう。

1

［大造《だいぞう》じいさんは、春《はる》になると、おりを開《あ》けて残雪《ざんせつ》をにがしてやりました。］

「おうい、ガンの㋐英雄《えいゆう》よ。おまえみたいな えらぶつ（えらいやつ）を、おれは、ひきょうなやり方《かた》でやっつけたかあないぞ。なあ、おい。㋑今年《ことし》の冬《ふゆ》も、仲間《なかま》を連《つ》れてぬま地《ち》にやって来《こ》いよ。そうして、おれたちは、また堂々《どうどう》と戦《たたか》おうじゃないか。」

※英雄《えいゆう》…ちえや力《ちから》がすぐれ、ふつうはできないようなりっぱなことをしたもの。

2

大造《だいぞう》じいさんは、花《はな》の下《した》に立《た》って、こう大《おお》きな声《こえ》でガンによびかけました。そうして、残雪《ざんせつ》が北《きた》へ北《きた》へと飛《と》び去《さ》っていくのを、晴《は》れ晴《ば》れとした顔《かお》つきで見守《みまも》っていました。

いつまでも、いつまでも、見守《みまも》っていました。

（令和二年度版　光村図書　国語五　銀河　椋《むく》　鳩十《はとじゅう》）

1

(1) ㋐英雄《えいゆう》と同《おな》じ意味《いみ》を表《あらわ》す言葉《ことば》を、文中《ぶんちゅう》から四文字《よんもじ》で書《か》き出《だ》しましょう。

(2) ㋑今年《ことし》の冬《ふゆ》も…ぬま地《ち》にやって来《こ》いよ。とありますが、大造《だいぞう》じいさんが、残雪《ざんせつ》にもどってきてほしいのは、どうしてですか。○をつけましょう。

（　）元気《げんき》になった残雪《ざんせつ》と、また堂々《どうどう》と戦《たたか》いたいから。

（　）冬《ふゆ》の間《あいだ》は、また自分《じぶん》のおりの中《なか》で過《す》ごしてほしいから。

2

(1) 大造《だいぞう》じいさんは、どこに立《た》って、残雪《ざんせつ》によびかけましたか。

(2) 残雪《ざんせつ》は、どの方角《ほうがく》へ飛《と》んでいきましたか。

(3) 飛《と》び去《さ》っていく残雪《ざんせつ》を見守《みまも》る大造《だいぞう》じいさんは、どんな表情《ひょうじょう》でしたか。文中《ぶんちゅう》の言葉《ことば》で書《か》き出《だ》しましょう。

雪《ゆき》の夜《よ》明《あ》け (1)

名前

● 教科書《きょうかしょ》の「雪《ゆき》の夜《よ》明《あ》け」の全文《ぜんぶん》を読《よ》んだ後《あと》、次《つぎ》の文章《ぶんしょう》を二回《にかい》読《よ》んで、答《こた》えましょう。

1

（夜《よる》の森《もり》で、雪《ゆき》の巣《す》あなに、野《の》うさぎの子《こ》が、独《ひと》りぼっちでうずくまっています。白《しろ》い雪《ゆき》の色《いろ》をした野《の》うさぎの子《こ》は、母《かあ》さんとは、夏《なつ》にきつねにおそわれたときに はぐれたままです。）

「ボッ、ボウーッ。」

待《ま》ちぶせの木《き》で、ふくろうの目《め》が光《ひか》ります。ふくろうは、えものを待《ま》ちぶせしているのです。

ミシリ、ミシッ。

ひそかに雪《ゆき》をふみしめ、しのび寄《よ》る足音《あしおと》があります。風上《かざかみ》から、強《つよ》いきつねのにおいがただよってきます。㋐野《の》うさぎの子《こ》は、体中《からだじゅう》の毛《け》を逆立《さかだ》て、こおりつきました。

2

㋑〈動《うご》かないで。じっとふせてっ。〉

耳《みみ》のおくに、母《かあ》さんの声《こえ》がひびきます。

「ボッ、ボウーッ。」

ふくろうの目《め》がぴかりと光《ひか》り、つばさを広《ひろ》げて、風《かぜ》をよびます。

（令和二年度版　光村図書　国語五　銀河　今村《いまむら》葦子《あしこ》）

1 ㋐野《の》うさぎの子《こ》は…こおりつきました。について答《こた》えましょう。

① 「こおりつく」とは、どんな意味《いみ》ですか。○をつけましょう。

（　）寒《さむ》さで体《からだ》に氷《こおり》がついている様子《ようす》。

（　）こわくて身動《みうご》きできない様子《ようす》。

② 野《の》うさぎの子《こ》は、何《なに》を感《かん》じてこおりついたのですか。二《ふた》つ書《か》きましょう。
（習《なら》っていない漢字《かんじ》は、ひらがなで書《か》きましょう。）

［だれかが、ひそかに［　　　］をふみしめ、［　　　］足音《あしおと》。］

［風上《かざかみ》から、強《つよ》くただよってくる［　　　］のにおい。］

2 ㋑〈動《うご》かないで。じっとふせてっ。〉とは、何《なん》ですか。一《ひと》つに○をつけましょう。

（　）野《の》うさぎの子《こ》の耳《みみ》のおくで聞《き》こえた母《かあ》さんの声《こえ》。

（　）ふくろうが、野《の》うさぎの子《こ》によびかけた声《こえ》。

（　）きつねが、野《の》うさぎの子《こ》によびかけた声《こえ》。

雪《ゆき》の夜《よ》明《あ》け (2)

名前

次《つぎ》の文章《ぶんしょう》を二回《にかい》読《よ》んで、答《こた》えましょう。

1

そのとき、おどすような低《ひく》いうなり声《こえ》が上《あ》がり、きばをむいたきつねが、巣《す》あな目《め》がけておどりかかります。それより速《はや》く、野《の》うさぎの子《こ》はとびのき、㋐鉄《てっ》ぽう玉《だま》のように飛《と》び出《だ》します。おそろしさに、体中《からだじゅう》の毛《け》が逆立《さかだ》ち、歯《は》がカチカチと鳴《な》ります。背中《せなか》にせまる、きつねの赤《あか》い口《くち》。空《そら》からは、ふくろうのするどいかぎづめがふりかかります。

※おどりかかる…勢《いきお》いよく飛《と》びかかる。

2

野《の》うさぎの子《こ》は、死《し》にものぐるいで雪《ゆき》をけります。雪《ゆき》をけって、けって、けり上《あ》げます。息《いき》の続《つづ》くかぎり雪《ゆき》をけり、前《まえ》へ、前《まえ》へと、飛《と》び出《だ》してゆきます。㋑足《あし》を止《と》めたその時《とき》が、野《の》うさぎの子《こ》の命《いのち》の終《お》わりなのです。

※死《し》にものぐるいで…必死《ひっし》で。

（令和二年度版　光村図書　国語五　銀河　今村《いまむら》葦子《あしこ》）

1

(1) ㋐鉄《てっ》ぽう玉《だま》のように飛《と》び出《だ》します。とありますが、野《の》うさぎの子《こ》は、どんな様子《ようす》で飛《と》び出《だ》したのですか。

（　）鉄《てっ》ぽう玉《だま》のように、勢《いきお》いよく一直線《いっちょくせん》に飛《と》び出《だ》した。

（　）鉄《てっ》ぽう玉《だま》のように、火《ひ》をふいて飛《と》び出《だ》した。

(2) 野《の》うさぎの子《こ》の、背中《せなか》にせまってきた動物《どうぶつ》は、何《なん》ですか。

［　　　　］

(3) 野《の》うさぎの子《こ》を、空《そら》からねらっている動物《どうぶつ》は、何《なん》ですか。

［　　　　］

2

(1) 野《の》うさぎの子《こ》は、どんな様子《ようす》で雪《ゆき》をけっていますか。文中《ぶんちゅう》の言葉《ことば》七文字《しちもじ》で答《こた》えましょう。

(2) ㋑足《あし》を止《と》めた…終《お》わりなのです。とありますが、足《あし》を止《と》めると野《の》うさぎの子《こ》はどうなってしまうと考《かんが》えられますか。○をつけましょう。

（　）寒《さむ》さでこごえてしまう。

（　）きつねやふくろうにおそわれてしまう。

雪《ゆき》の夜《よ》明《あ》け (3)

名前

● 次《つぎ》の文章《ぶんしょう》を二回《にかい》読《よ》んで、答《こた》えましょう。

1

［きつねとふくろうにねらわれた野《の》うさぎの子《こ》は、死《し》にものぐるいで雪《ゆき》をけり、前《まえ》へ、前《まえ》へと、飛《と》び出《だ》してゆきます。］

果《は》てもなく続《つづ》く、一面《いちめん》の雪《ゆき》の野原《のはら》に、一《ひと》すじの雪《ゆき》けむりがまい上《あ》がります。ふり返《かえ》るひまはありません。きつねはすぐ後《うし》ろにせまり、目《め》の前《まえ》は、立《た》ちはだかるようにそびえ立《た》つ雪《ゆき》の山《やま》です。

※立《た》ちはだかる…行《ゆ》く手《て》をさえぎる。じゃまをする。
※そびえ立《た》つ…目立《めだ》って高《たか》く立《た》つ。

2

野《の》うさぎの子《こ》は、最後《さいご》の最後《さいご》の力《ちから》をふりしぼり、一気《いっき》にかけ上《あ》がります。そのとたん、急《きゅう》に足《あし》が軽《かる》くなりました。深《ふか》い雪《ゆき》が、野《の》うさぎの子《こ》の後《うし》ろ足《あし》を軽々《かるがる》と支《ささ》えています。追《お》いつめるきつねの細《ほそ》い足《あし》は、深《ふか》い雪《ゆき》のあなに落《お》ちていました。雪山《ゆきやま》の木《き》は、その枝々《えだえだ》で、ふくろうのつばさをこばみ、さえぎりました。

（令和二年度版　光村図書　国語五　銀河　今村《いまむら》葦子《あしこ》）

1

(1) 野《の》うさぎの子《こ》は、どこを走《はし》っていますか。

果《は》てもなく続《つづ》く、一面《いちめん》の［　　　　］。

(2) きつねがすぐ後《うし》ろにせまったとき、野《の》うさぎの子《こ》の目《め》の前《まえ》には、何《なに》がありましたか。

立《た》ちはだかるように［　　　　］。

2

(1) 雪《ゆき》の山《やま》をかけ上《あ》がる野《の》うさぎの子《こ》の様子《ようす》が分《わ》かる一文《いちぶん》を、文中《ぶんちゅう》から書《か》き出《だ》しましょう。

［　　　　］

(2) きつねの足《あし》は、どうなりましたか。

［　　　　］に落《お》ちた。

(3) ふくろうのつばさをこばんで、さえぎってくれたものは、何《なん》でしたか。

［　　　　］の枝々《えだえだ》。

雪《ゆき》の夜《よ》明《あ》け (4)

名前

● 次《つぎ》の文章《ぶんしょう》を二回《にかい》読《よ》んで、答《こた》えましょう。

1

野《の》うさぎの子《こ》が、雪山《ゆきやま》のてっぺんにたどり着《つ》いたとき、きつねはふもとであらい息《いき》をはき、ぼうぜんと立《た》ちつくしていました。ふくろうのすがたも、もうどこにもありません。野《の》うさぎの子《こ》の耳元《みみもと》の にこ毛《げ》が、風《かぜ》にかすかにそよぎます。

※ふもと…山《やま》の下《した》の方《ほう》。
※にこ毛《げ》…やわらかい毛《け》のこと。うぶ毛《げ》。
※そよぐ…風《かぜ》で静《しず》かに動《うご》く。

2

夜《よる》が、白々《しらじら》と明《あ》けてゆきます。遠《とお》くの山々《やまやま》があかがね色《いろ》にそまり、見《み》る間《ま》にまばゆい金色《きんいろ》にかがやきます。水《みず》の底《そこ》にしずんだように光《ひかり》を失《うしな》っていた雪《ゆき》は、しだいしだいに、雪《ゆき》の白《しろ》さを取《と》りもどし、朝《あさ》の光《ひかり》にきらめきます。雪《ゆき》の夜明《よあ》けの、光《ひかり》のまほうです。

※あかがね色《いろ》…銅《どう》のように赤黒《あかぐろ》い色《いろ》。
※まばゆい…まぶしい。

（令和二年度版　光村図書　国語五　銀河　今村《いまむら》　葦子《あしこ》）

1

(1) 野《の》うさぎの子《こ》が、雪山《ゆきやま》のてっぺんにたどり着《つ》いたとき、きつねはどこにいましたか。

（　　　　　　）

(2) きつねからはなれ、ふくろうが見《み》えなくなったときの、野《の》うさぎの子《こ》の様子《ようす》が分《わ》かる一文《いちぶん》を、文中《ぶんちゅう》から書《か》き出《だ》しましょう。

（　　　　　　）

2

(1) 夜《よ》が明《あ》けて、遠《とお》くの山々《やまやま》はどうなりましたか。

（□にそまり、見《み》る間《ま》に□にかがやいた。）

(2) 夜《よ》が明《あ》けて、雪《ゆき》がしだいに白《しろ》さを取《と》りもどし、朝《あさ》の光《ひかり》にきらめくことを、何《なん》といっていますか。

雪《ゆき》の夜明《よあ》けの、□□□□□

天気《てんき》を予想《よそう》する (1)

名前

● 次《つぎ》の文章《ぶんしょう》を二回《にかい》読《よ》んで、答《こた》えましょう。

1

新聞《しんぶん》やテレビなどで知《し》る天気《てんき》予報《よほう》は、以前《いぜん》に比《くら》べ、的中《てきちゅう》することがずいぶん増《ふ》えてきました。

㋐左《ひだり》の表《ひょう》は、翌日《よくじつ》に雨《あめ》や雪《ゆき》がふるかどうかについて、気象庁《きしょうちょう》が行《おこな》った予報《よほう》の的中率《てきちゅうりつ》を、五年《ごねん》ごとの平均《へいきん》で示《しめ》したものです。

東京地方《とうきょうちほう》の降水《こうすい》の予報精度《よほうせいど》
(5年平均《ねんへいきん》)

年《ねん》	的中率《てきちゅうりつ》(パーセント)
1971～1975	79
1976～1980	79
1981～1985	82
1986～1990	82
1991～1995	83
1996～2000	84
2001～2005	86
2006～2010	86
2011～2015	87

(気象庁《きしょうちょう》資料《しりょう》を再構成《さいこうせい》)

※的中《てきちゅう》…ぴったりあたること。

2

㋑これを見《み》ると、一九七〇年代《せんきゅうひゃくななじゅうねんだい》には八十《はちじっ》パーセントに満《み》たなかった的中率《てきちゅうりつ》がだんだん高《たか》くなり、二〇〇〇年《にせんねん》を過《す》ぎると八十五《はちじゅうご》パーセント以上《いじょう》になったことが分《わ》かります。

(令和二年度版　光村図書　国語五　銀河　武田《たけだ》　康男《やすお》)

1 (習《なら》っていない漢字《かんじ》は、ひらがなで答《こた》えましょう。)

(1) 天気予報《てんきよほう》は、以前《いぜん》と比《くら》べてどうなってきたと、筆者《ひっしゃ》は述《の》べていますか。

[　　　　] ことが
ずいぶん [　　　　] きた。

(2) ㋐左《ひだり》の表《ひょう》は、何《なに》を示《しめ》したものですか。文中《ぶんちゅう》の言葉《ことば》で書《か》き出《だ》しましょう。

翌日《よくじつ》に雨《あめ》や雪《ゆき》がふるかどうかについて、

[　　　　]

2

(1) ㋑これとは、何《なに》を指《さ》していますか。○をつけましょう。

( ) 新聞《しんぶん》やテレビの天気予報《てんきよほう》。
( ) 予報《よほう》の的中率《てきちゅうりつ》を、五年《ごねん》ごとの平均《へいきん》で示《しめ》した表《ひょう》。

(2) 表《ひょう》から、どんなことが分《わ》かりますか。

[　　　　] がだんだん
[　　　　] なったこと。

天気《てんき》を予想《よそう》する (2)

名前

● 次《つぎ》の文章《ぶんしょう》を二回《にかい》読《よ》んで、答《こた》えましょう。

1

〔天気予報《てんきよほう》の的中率《てきちゅうりつ》がだんだん高《たか》くなってきていることが分《わ》かりました。〕

的中率《てきちゅうりつ》は、どうして高《たか》くなったのでしょうか。それは、主《おも》に、次《つぎ》の㋐二《ふた》つの理由《りゆう》によるものといえます。

一《ひと》つは、科学技術《かがくぎじゅつ》の進歩《しんぽ》です。二〇一七年現在《にせんじゅうしちねんげんざい》、日本《にほん》では、約千三百《やくせんさんびゃっ》か所《しょ》にアメダスの観測《かんそく》装置《そうち》が設《もう》けられ、その地点《ちてん》の降水量《こうすいりょう》を常時《じょうじ》測定《そくてい》しています。このうち約八百四十《やくはっぴゃくよんじっ》か所《しょ》では、気温《きおん》・風向《ふうこう》・風速《ふうそく》なども観測《かんそく》します。

※アメダス…気象庁《きしょうちょう》による、ちいき気象観測《きしょうかんそく》システムのこと。

※常時《じょうじ》…いつも。

2

また、全国二十《ぜんこくにじっ》か所《しょ》に設置《せっち》されている気象《きしょう》レーダーは、半径数百《はんけいすうひゃく》キロメートル内《ない》の雨《あめ》や雪《ゆき》の分布《ぶんぷ》を電波《でんぱ》で調《しら》べています。他《ほか》にも、海洋《かいよう》での観測《かんそく》、気球《ききゅう》や人工衛星《じんこうえいせい》による上空《じょうくう》での観測《かんそく》などが、時間《じかん》を決《き》めて行《おこな》われています。

※レーダー…電波《でんぱ》を利用《りよう》して、雲《くも》などの位置《いち》や方向《ほうこう》をさがす装置《そうち》。

（令和二年度版　光村図書　国語五　銀河　武田《たけだ》　康男《やすお》）

1

(1) ㋐二《ふた》つの理由《りゆう》とありますが、筆者《ひっしゃ》は、どんな問《と》いに対《たい》して、二《ふた》つの理由《りゆう》を挙《あ》げようとしていますか。文中《ぶんちゅう》から一文《いちぶん》で書《か》き出《だ》しましょう。

（習《なら》っていない漢字《かんじ》は、ひらがなで答《こた》えましょう。）

(2) ㋐二《ふた》つの理由《りゆう》のうちの一《ひと》つは、何《なん》だと筆者《ひっしゃ》は述《の》べていますか。

(3) 約千三百《やくせんさんびゃっ》か所《しょ》のアメダスの観測装置《かんそくそうち》が常時測定《じょうじそくてい》しているのは、何《なん》ですか。○をつけましょう。

（　）降水量《こうすいりょう》

（　）気温《きおん》・風向《ふうこう》・風速《ふうそく》

2

(1) 雨《あめ》や雪《ゆき》の分布《ぶんぷ》を電波《でんぱ》で調《しら》べているのは、何《なん》ですか。

(2) アメダスや気象《きしょう》レーダーの他《ほか》に、どんな場所《ばしょ》での観測《かんそく》が行《おこな》われていますか。文中《ぶんちゅう》の二文字《にもじ》の言葉《ことば》で、二《ふた》つ書《か》きましょう。

（＊「日本《にほん》」は、「にっぽん」とも読《よ》みます。）

天《てん》気《き》を予《よ》想《そう》する (3)

名前

● 次《つぎ》の文章《ぶんしょう》を二回《にかい》読《よ》んで、答《こた》えましょう。

1

日本《にほん》では、アメダスや気象《きしょう》レーダーなどの観測装置《かんそくそうち》で、降水量《こうすいりょう》、気温《きおん》・風向《ふうこう》・風速《ふうそく》、雨《あめ》や雪《ゆき》の分布《ぶんぷ》などを調《しら》べています。

これらの観測《かんそく》で得《え》た情報《じょうほう》は、気象庁《きしょうちょう》のスーパーコンピュータに送《おく》られ、何種類《なんしゅるい》もの予想図《よそうず》が作成《さくせい》されます。科学技術《かがくぎじゅつ》の進歩《しんぽ》によって、観測装置《かんそくそうち》やスーパーコンピュータの性能《せいのう》、情報《じょうほう》を伝達《でんたつ》する仕組《しく》みがすぐれたものになり、㋐より速《はや》く、正確《せいかく》に予想《よそう》ができるようになってきたのです。

※性能《せいのう》…道具《どうぐ》や機械《きかい》の性質《せいしつ》や能力《のうりょく》。

2

もう一《ひと》つの理由《りゆう》は、国際的《こくさいてき》な協力《きょうりょく》の実現《じつげん》です。日本《にほん》の天気《てんき》の変化《へんか》には、遠《とお》くはなれた陸地《りくち》や海上《かいじょう》の状態《じょうたい》がえいきょうします。そのため、㋑地球全体《ちきゅうぜんたい》の大気《たいき》の様子《ようす》を知《し》る必要《ひつよう》があり、国境《こっきょう》をこえた取《と》り組《く》みが不可欠《ふかけつ》なのです。

※不可欠《ふかけつ》…なくてはならないこと。絶対《ぜったい》に必要《ひつよう》なこと。

（令和二年度版　光村図書　国語五　銀河　武田《たけだ》　康男《やすお》）

1

（習《なら》っていない漢字《かんじ》は、ひらがなで答《こた》えましょう。）

(1) 観測《かんそく》で得《え》た情報《じょうほう》をもとに、スーパーコンピュータで作成《さくせい》されるものは、何《なん》ですか。

(2) ㋐より速《はや》く、正確《せいかく》に予想《よそう》ができるようになってきたのは、科学技術《かがくぎじゅつ》の進歩《しんぽ》によって、何《なに》がすぐれたものになったからですか。二《ふた》つ書《か》きましょう。

観測装置《かんそくそうち》やスーパーコンピュータの［　　］。

情報《じょうほう》を伝達《でんたつ》する［　　］。

2

(1) 的中率《てきちゅうりつ》がだんだん高《たか》くなってきたもう一《ひと》つの理由《りゆう》に、筆者《ひっしゃ》は何《なに》を挙《あ》げていますか。

(2) ㋑地球全体《ちきゅうぜんたい》の大気《たいき》の様子《ようす》を知《し》る必要《ひつよう》があるのは、どうしてですか。

日本《にほん》の天気《てんき》の変化《へんか》には、［　　］がえいきょうするから。

（＊「日本《にほん》」は、「にっぽん」とも読《よ》みます。）

天気《てんき》を予想《よそう》する (4)

名前

● 次《つぎ》の文章《ぶんしょう》を二回《にかい》読《よ》んで、答《こた》えましょう。

1

二〇一七年現在《にせんじゅうしちねんげんざい》、気球《ききゅう》による観測《かんそく》は、世界約八百《せかいやくはっぴゃっ》か所《しょ》で同時刻《どうじこく》に行《おこな》われています。また、十機《じっき》ほどの静止《せいし》気象衛星《きしょうえいせい》が、赤道上空約三万六千《せきどうじょうくうやくさんまんろくせん》キロメートルから、地球《ちきゅう》をおおっている雲《くも》などを観測《かんそく》しています。日本《にほん》は、そのうちの二機《にき》の管理《かんり》・運営《うんえい》を受《う》け持《も》っていますが、他《ほか》の衛星《えいせい》からも情報《じょうほう》を受《う》け取《と》っています。このような㋐国際的《こくさいてき》な協力《きょうりょく》が進《すす》んだことで、より多くの情報《じょうほう》をもとにした、天気《てんき》の予想《よそう》が可能《かのう》になったのです。

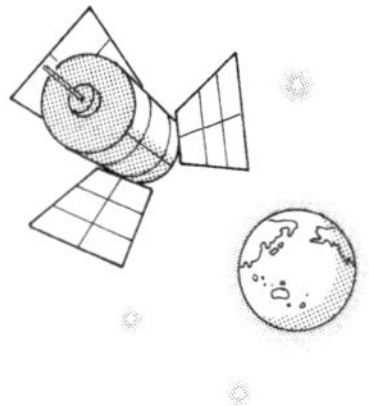

※静止気象衛星《せいしきしょうえいせい》…気象観測《きしょうかんそく》を目的《もくてき》とする人工衛星《じんこうえいせい》。

2

では、さらに科学技術《かがくぎじゅつ》が進歩《しんぽ》し、国際的《こくさいてき》な協力《きょうりょく》が進《すす》めば、天気予報《てんきよほう》は百《ひゃく》パーセント的中《てきちゅう》するようになるのでしょうか。それは㋑かなりむずかしいというのが、現在《げんざい》のわたしの考《かんが》えです。

（令和二年度版　光村図書　国語五　銀河　武田《たけだ》　康男《やすお》）

（習《なら》っていない漢字《かんじ》は、ひらがなで答《こた》えましょう。）

1

(1) 二〇一七年現在《にせんじゅうしちねんげんざい》、世界約八百《せかいやくはっぴゃっ》か所《しょ》で同時刻《どうじこく》に行《おこな》われているのは、何《なに》による観測《かんそく》ですか。

[　　　　]

(2) 赤道上空約三万六千《せきどうじょうくうやくさんまんろくせん》キロメートルから、地球《ちきゅう》をおおっている雲《くも》などを観測《かんそく》しているのは、何《なん》ですか。

[　　　　]

(3) ㋐国際的《こくさいてき》な協力《きょうりょく》が進《すす》んだことで、何《なに》が可能《かのう》になりましたか。

[　　　　]

2

㋑かなりむずかしいとありますが、筆者《ひっしゃ》は、何《なに》がむずかしいと考《かんが》えていますか。

さらに[　　　　]が進歩《しんぽ》し、[　　　　]が進《すす》めば、[　　　　]が百《ひゃく》パーセント的中《てきちゅう》するようになること。

言葉《ことば》のたから箱《ばこ》 (1)

名前

(1) 次《つぎ》の言葉《ことば》と反対《はんたい》の意味《いみ》を表《あらわ》す言葉《ことば》を□から選《えら》んで書《か》きましょう。

① せっかち ↕ （　　　）

② ひかえめ ↕ （　　　）

③ すがすがしい ↕ （　　　）

・おおげさ　・うっとうしい　・のんき

(2) 次《つぎ》の文《ぶん》を読《よ》んで——線《せん》の言葉《ことば》の意味《いみ》に合《あ》うものに○をつけましょう。

① 兄《あに》は、ごうかいに笑《わら》った。

（　）ひっそりと目立《めだ》たないようにしているようす。

（　）のびのびと力強《ちからづよ》く、気持《きも》ちのいいようす。

② 弟《おとうと》は、みんなの前《まえ》でいさぎよく謝《あやま》った。

（　）思《おも》い切《き》りがよく、りっぱに。

（　）いやいやと、しかたなさそうに。

③ 母《はは》は、少《すこ》し心配《しんぱい》しょうだ。

（　）人《ひと》の世話《せわ》をするのが好《す》きな性格《せいかく》。

（　）ちょっとしたことまで気《き》になって、心配《しんぱい》する性格《せいかく》。

言葉《ことば》のたから箱《ばこ》 (2)

名前

(1) 次《つぎ》の言葉《ことば》とよくにた意味《いみ》を表《あらわ》す言葉《ことば》を□から選《えら》んで書《か》きましょう。

① がんこ （　　　　）

② おっとり （　　　　）

③ 向《む》こう見《み》ず （　　　　）

・むてっぽう　・おおらか　・かたくな

(2) 次《つぎ》の文《ぶん》の（　）にあてはまる言葉《ことば》を□から選《えら》んで書《か》きましょう。

①
ア （　　　　）大《おお》きさの魚《さかな》がつれた。
イ 食後《しょくご》に（　　　　）ももを食《た》べた。

みずみずしい　・　とてつもない

②
ア かんとくの（　　　　）な作戦《さくせん》にみんながおどろいた。
イ 料理《りょうり》を（　　　　）に注文《ちゅうもん》しすぎて、食《た》べきれない。

余計《よけい》　・　型破《かたやぶ》り

言葉《ことば》のたから箱《ばこ》 (3)

名前

(1) 次《つぎ》の心情《しんじょう》を表《あらわ》す言葉《ことば》とよくにた意味《いみ》を表《あらわ》す言葉《ことば》を□から選《えら》んで書《か》きましょう。

① 快《こころよ》い（　　）（　　）

② まごつく（　　）（　　）

③ 印象深《いんしょうぶか》い（　　）（　　）

・うろたえる　・きおくに残《のこ》る　・気持《きも》ちがよい

(2) 次《つぎ》の文《ぶん》を読《よ》んで——線《せん》の言葉《ことば》の意味《いみ》に合《あ》うものに○をつけましょう。

① むねがすくような勝利《しょうり》に、みんなが喜《よろこ》んだ。

（　）すかっとする。

（　）ほっとする。

② 姉《あね》の言葉《ことば》を聞《き》いて、父《ちち》があたふたするのを見《み》た。

（　）あわててさわぐ。

（　）頭《あたま》にきておこる。

③ 有名《ゆうめい》な音楽家《おんがくか》の演《えん》そうにほれぼれする。

（　）期待《きたい》はずれで、がっかりする。

（　）強《つよ》く心《こころ》を引《ひ》かれて、うっとりする。

言葉《ことば》のたから箱《ばこ》 ⑷

名前

(1) 次《つぎ》の文《ぶん》を読《よ》んで、——線《せん》の言葉《ことば》の意味《いみ》に合《あ》うものに○をつけましょう。

① 先生《せんせい》の話《はなし》を聞《き》いて、クラス全体《ぜんたい》がしんみりした。

( )にぎやかでさわがしいようす。

( )さびしく静《しず》かなようす。

② 雨《あめ》が続《つづ》いて、うんざりする。

( )あきあきして、いやになるようす。

( )うきうきと、楽《たの》しくなっているようす。

(2) 次《つぎ》の文《ぶん》の( )にあてはまる言葉《ことば》を□から選《えら》んで書《か》きましょう。

①

㋐ 入院中《にゅういんちゅう》の妹《いもうと》のことを考《かんが》えると、( )。

㋑ 父《ちち》からのうれしい知《し》らせに( )。

むねが高《たか》なる ・ むねがいたむ

②

㋐ 弟《おとうと》のひざのきずあとが( )。

㋑ トランプで妹《いもうと》に負《ま》けて( )。

いまいましい ・ いたいたしい

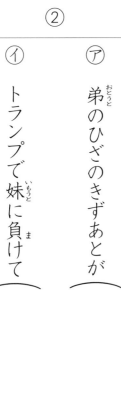

4頁

季節《きせつ》の言葉《ことば》3

秋《あき》の夕暮《ゆうぐ》れ (1)（枕草子《まくらのそうし》 秋《あき》）

名前

● 次《つぎ》の清少納言《せいしょうなごん》が書《か》いた「枕草子《まくらのそうし》」の文章《ぶんしょう》を二回音読《にかいおんどく》し、意味《いみ》の文《ぶん》も読《よ》んで、答《こた》えましょう。

1

〈もとの文《ぶん》〉

秋《あき》は夕暮《ゆうぐ》れ。夕日《ゆうひ》のさして山《やま》の端《は》いと近《ちこ》うなりたるに、烏《からす》のねどころへ行《い》くとて、三《み》つ四《よ》つ、二《ふた》つ三《み》つなど、飛《と》びいそぐさへ《え》㋐あはれ《わ》なり。まいて雁《かり》などのつらねたるが、いと小《ちい》さく見《み》ゆるはいと㋑をかし《お》。

〈意味《いみ》の文《ぶん》〉

秋《あき》は夕暮《ゆうぐ》れがよい。夕日《ゆうひ》が差《さ》して、山《やま》にとても近《ちか》くなったころに、烏《からす》がねぐらに行《い》こうとして、三羽四羽《さんわよんわ》、二羽三羽《にわさんわ》などと、急《いそ》いで飛《と》んでいく様子《ようす》までしみじみとしたものを感《かん》じさせる。まして、雁《かり》などが列《れつ》を作《つく》っているのが、とても小《ちい》さく見《み》えるのは、たいへん味《あじ》わい深《ぶか》いものだ。

2

〈もとの文《ぶん》〉

日入《ひい》り果《は》てて、風《かぜ》の音《おと》、虫《むし》の音《ね》など、はた言《い》ふ《う》べきにあらず。

〈意味《いみ》の文《ぶん》〉

日《ひ》がすっかりしずんでしまって、風《かぜ》の音《おと》や虫《むし》の音《ね》などがするのも、言《い》い表《あらわ》しようがなくよいものだ。

（令和二年度版　光村図書　国語五　銀河「季節の言葉3　秋の夕暮れ」による）

1

(1) 秋《あき》は、一日《いちにち》のうちのいつがよいといっていますか。（習《なら》っていない漢字《かんじ》はひらがなで書《か》きましょう。）

夕暮れ（夕ぐれ）

(2) ㋐あはれ《わ》なり、㋑をかし《お》とは、どんな意味《いみ》ですか。（意味《いみ》の文《ぶん》）から書《か》き出《だ》しましょう。

㋐ あはれなり
［しみじみとした］ものを感《かん》じさせる。

㋑ をかし
［味わい深い］ものだ。

(3) 作者《さくしゃ》は、何《なん》という生《い》き物《もの》が飛《と》ぶ様子《ようす》がよいといっていますか。二《ふた》つに〇をつけましょう。

（　）はと　（〇）からす　（〇）かり　（　）ちょう

2

日《ひ》がしずんでからも、どんな音《おと》が聞《き》こえるのはよいものだといっていますか。言葉《ことば》を二《ふた》つ、それぞれ三文字《さんもじ》で書《か》きましょう。

風の音　虫の音

5頁

季節《きせつ》の言葉《ことば》3

秋《あき》の夕暮《ゆうぐ》れ (2)

名前

(1) 次《つぎ》の言葉《ことば》の意味《いみ》が完成《かんせい》するように、（　）にあてはまる言葉《ことば》を□から選《えら》んで書《か》きましょう。

① 秋《あき》の夜長《よなが》

夜長《よなが》とは、夜《よる》が長《なが》く感《かん》じられることをいう。夜《よる》が長《なが》くなってくる秋《あき》には、空気《くうき》がすみ、（月）がきれいに見《み》えるようになる。

月《つき》・太陽《たいよう》

② 行《ゆ》く秋《あき》

すぎさっていく秋《あき》のこと。秋《あき》が終《お》わろうとするのを（さびしく）思《おも》う気持《きも》ちがこもった言葉《ことば》。

うれしく・さびしく

(2) 次《つぎ》の俳句《はいく》を読《よ》んで、答《こた》えましょう。

星月夜《ほしづきよ》／空《そら》の高《たか》さよ／大《おお》きさよ

江左《こうさ》　尚白《しょうはく》

※星月夜《ほしづきよ》…まるで月夜《つきよ》のように星《ほし》が明《あか》るく光《ひか》る夜《よる》のこと。月《つき》が出《で》ていない秋《あき》の夜《よる》の星空《ほしぞら》を表《あらわ》す。

（令和二年度版　光村図書　国語五　銀河「季節の言葉3　秋の夕暮れ」による）

① 五《ご》・七《しち》・五《ご》のリズムで読《よ》めるように、上《うえ》の俳句《はいく》を／線《せん》で区切《くぎ》りましょう。

② 作者《さくしゃ》は「星月夜《ほしづきよ》」の何《なに》に感動《かんどう》していますか。一《ひと》つに〇をつけましょう。

（　）たくさんの星《ほし》の数《かず》。
（〇）星空《ほしぞら》の高《たか》さと大《おお》きさ。
（　）空《そら》にうかぶ月《つき》の高《たか》さと大《おお》きさ。

6頁

よりよい学校生活《がっこうせいかつ》のために (1)

名前

教科書《きょうかしょ》の「よりよい学校生活《がっこうせいかつ》のために」を読《よ》んで、答《こた》えましょう。

(1) よりよい学校生活《がっこうせいかつ》のために、グループで話《はな》し合《あ》いを行《おこな》います。次《つぎ》の①～⑤は、その活動《かつどう》の流《なが》れです。（　）にあてはまる言葉《ことば》を□から選《えら》んで書《か》きましょう。

① 学校生活《がっこうせいかつ》の中《なか》から、身近《みぢか》な課題《かだい》を見《み》つけ、（議題）を決《き》める。

② 議題《ぎだい》に対《たい》して、自分《じぶん》の（立場）を明確《めいかく》にする。

③ 話《はな》し合《あ》いのしかたを確《たし》かめ、（進行計画）を立《た》てる。

④ 計画《けいかく》にそって、（グループ）で話《はな》し合《あ》う。

⑤ グループで話《はな》し合《あ》ったことを（クラス）で共有《きょうゆう》し、感想《かんそう》を伝《つた》え合《あ》う。

・議題《ぎだい》　・進行計画《しんこうけいかく》　・立場《たちば》
・クラス　・グループ

(2) 「学校《がっこう》で、けがをへらすには、どうすればいいか。」という議題《ぎだい》のとき、議題《ぎだい》に関《かか》わる現状《げんじょう》と問題点《もんだいてん》を挙《あ》げ、それに対《たい》する自分《じぶん》の考《かんが》えを書《か》き出《だ》して表《ひょう》に整理《せいり》しました。次《つぎ》の①～③にあてはまる言葉《ことば》を□から選《えら》んで、記号《きごう》で書《か》きましょう。

①（イ）	②（ウ）	③（ア）
最近《さいきん》、学校内《がっこうない》でけがをする人《ひと》が多《おお》い。	〇〇委員会《いいんかい》で、「ろう下《か》や階段《かいだん》を走《はし》らない」とよびかけるポスターを作成《さくせい》して、はる。	委員会《いいんかい》が中心《ちゅうしん》になれば、全校《ぜんこう》で取《と》り組《く》めると思《おも》うから。

㋐ 理由《りゆう》　㋑ 現状《げんじょう》と問題点《もんだいてん》　㋒ 解決方法《かいけつほうほう》

7頁

よりよい学校生活《がっこうせいかつ》のために (2)

名前

教科書《きょうかしょ》の「よりよい学校生活《がっこうせいかつ》のために」を読《よ》んで、答《こた》えましょう。

● よりよい学校生活《がっこうせいかつ》のために、議題《ぎだい》を決《き》めて、グループで話《はな》し合《あ》いをしています。次《つぎ》の、話《はな》し合《あ》いの一部分《いちぶぶん》の文章《ぶんしょう》を読《よ》んで、問題《もんだい》に答《こた》えましょう。

山本《やまもと》　それでは、今《いま》から「階段《かいだん》やろう下《か》をきれいに保《たも》つために」という議題《ぎだい》で話《はな》し合《あ》いを始《はじ》めます。まず、川田《かわた》さん、意見《いけん》をお願《ねが》いします。

川田《かわた》　はい。階段《かいだん》もろう下《か》もすぐにごみがたまってしまっています。そこで、わたしは、みんなでごみを拾《ひろ》う取《と》り組《く》みについて、美化委員会《びかいいんかい》から全校《ぜんこう》によびかけてもらってはどうかと考《かんが》えました。

中村《なかむら》　㋐、美化委員会《びかいいんかい》からよびかけしてもらうといいと考《かんが》えたのですか。

川田《かわた》　それは、委員会《いいんかい》が中心《ちゅうしん》になれば、全校《ぜんこう》で取《と》り組《く》めると思《おも》うからです。

谷口《たにぐち》　いい考《かんが》えだと思《おも》うのですが、美化委員会《びかいいんかい》は、今《いま》、ごみの分別《ぶんべつ》活動《かつどう》に取《と》りかかっています。だから、すぐに取《と》り組《く》んでもらうのはむずかしいとぼくは思《おも》います。このことは、どのようにすればいいと考《かんが》えていますか。

(1) どんな議題《ぎだい》で話《はな》をしていますか。

［階段やろう下をきれいに保つために］

(2) 司会役《しかいやく》をしている人《ひと》は、だれですか。

［山本］さん

(3) 川田《かわた》さんの意見《いけん》に対《たい》して、中村《なかむら》さんは、理由《りゆう》をきく質問《しつもん》をしています。㋐にあてはまる言葉《ことば》を一《ひと》つ選《えら》んで〇をつけましょう。

（　）どのようにして
（〇）どうして
（　）だれが

(4) 話《はな》し合《あ》いの中《なか》で、自分《じぶん》の考《かんが》えを示《しめ》した上《うえ》で、質問《しつもん》しているのは、だれですか。

［谷口］さん

解答例

本書の解答は，あくまでもひとつの例です。児童に取り組ませる前に，必ず指導される方が問題を解いてください。指導される方の作られた解答をもとに，児童の多様な考えに寄り添って○つけをお願いします。

8頁

意見《いけん》が対立《たいりつ》したときには

名前

教科書《きょうかしょ》の「意見《いけん》が対立《たいりつ》したときには」を読《よ》んで、答《こた》えましょう。

(1) 意見《いけん》が対立《たいりつ》したとき、たがいの意見《いけん》をしっかり聞《き》き合《あ》うために使《つか》う、次《つぎ》の①〜④の言葉《ことば》は、どのような働《はたら》きをする言葉《ことば》といえますか。下《した》から選《えら》んで、——線《せん》で結《むす》びましょう。

① 「どうしてそう思《おも》うのですか。」 — 相手《あいて》に考《かんが》えや理由《りゆう》をたずねる言葉《ことば》。

② 「それなら、こうしたらどうでしょうか。」 — 話《はなし》に区切《くぎ》りをつけ、次《つぎ》へ進《すす》める言葉《ことば》。

③ 「確《たし》かに、その考《かんが》え方《かた》も分《わ》かります。」 — 「理解《りかい》した」ということを伝《つた》える言葉《ことば》。

④ 「なぜかというと、——だからです。」 — 自分《じぶん》の考《かんが》えの理由《りゆう》を伝《つた》える言葉《ことば》。

(2) 意見《いけん》が対立《たいりつ》したときには、どんなことが大切《たいせつ》ですか。あてはまるもの二《ふた》つに○をつけましょう。

(○) たがいの意見《いけん》をしっかり聞《き》き合《あ》い、受《う》け止《と》め、話《はなし》を進《すす》めていくこと。

( ) 相手《あいて》に負《ま》けないように、自分《じぶん》の思《おも》いだけを言《い》い続《つづ》けること。

(○) 自分《じぶん》の考《かんが》えを否定《ひてい》する意見《いけん》を言《い》われても、その人《ひと》のことを悪《わる》く思《おも》わないようにすること。

9頁

固有種《こゆうしゅ》が教《おし》えてくれること (1)

名前

● 次《つぎ》の文章《ぶんしょう》を二回《にかい》読《よ》んで、答《こた》えましょう。

1

ウサギといえば、耳《みみ》が長《なが》くてぴょんぴょんはねる、鳴《な》かない動物《どうぶつ》——そう考《かんが》える人《ひと》が多《おお》いのではないでしょうか。しかし、アマミノクロウサギという種《しゅ》はちがいます。耳《みみ》は約五《やくご》センチメートルと短《みじか》く、ジャンプ力《りょく》は弱《よわ》く、そのうえ「ピシー」という高《たか》い声《こえ》で鳴《な》くのです。

※アマミノクロウサギ…古《ふる》いすがた・形《かたち》を残《のこ》したウサギ。鹿児島県《かごしまけん》の奄美大島《あまみおおしま》など一部《いちぶ》の地域《ちいき》だけに生息《せいそく》する。
※種《しゅ》…生きものを分《わ》ける単位《たんい》の一つ。

2

㋐このウサギは、日本《にほん》だけに生息《せいそく》しています。このような、特定《とくてい》の国《くに》やちいきにしかいない動植物《どうしょくぶつ》のことを「固有種《こゆうしゅ》」といいます。

※生息《せいそく》…生物《せいぶつ》がすみついて生《い》きていること。
※特定《とくてい》の国《くに》…ある決《き》まった国《くに》。

（令和二年度版　光村図書　国語五　銀河　今泉《いまいずみ》　忠明《ただあき》）

1

(1) 何《なん》という生《い》きもののことを説明《せつめい》しようとしていますか。○をつけましょう。

( ) ウサギ
(○) アマミノクロウサギ

(2) アマミノクロウサギの特徴《とくちょう》にあてはまるものを、①〜③でそれぞれ一《ひと》つずつ選《えら》んで○をつけましょう。

① 耳《みみ》の長《なが》さ
( ) 長《なが》い。
(○) 約五《やくご》センチメートルと短《みじか》い。

② ジャンプ力《りょく》
(○) 弱《よわ》い。
( ) 強《つよ》くてぴょんぴょんはねる。

③ 鳴《な》き声《ごえ》
(○) 「ピシー」と高《たか》い声《こえ》で鳴《な》く。
( ) 鳴《な》かない。

2

(1) ㋐このウサギとは、何《なん》というウサギですか。

アマミノクロウサギ

(2) 「固有種《こゆうしゅ》」とは、どのようなもののことをいいますか。文中《ぶんちゅう》の言葉《ことば》で書《か》き出《だ》しましょう。

特定の国やちいきにしかいない動植物 のこと。

（※「日本《にほん》」は「にっぽん」とも読《よ》みます。）

10頁

固有種《こゆうしゅ》が教《おし》えてくれること (2)

名前

● 次《つぎ》の文章《ぶんしょう》を二回《にかい》読《よ》んで、答《こた》えましょう。

1

〔アマミノクロウサギのように、特定《とくてい》の国《くに》やちいきにしかいない動植物《どうしょくぶつ》のことを「固有種《こゆうしゅ》」といいます。〕

固有種《こゆうしゅ》には、古《ふる》い時代《じだい》から生《い》き続《つづ》けている種《しゅ》が多《おお》くいます。アマミノクロウサギも、およそ三百万年《さんびゃくまんねん》以上前《いじょうまえ》からほぼそのままのすがたで生《い》きてきたとされる、めずらしいウサギです。

2

㋐このウサギと比《くら》べることで、「耳《みみ》が長《なが》い」「ぴょんぴょんはねる」「鳴《な》かない」というふつうのウサギの特徴《とくちょう》が、長《なが》い進化《しんか》の過程《かてい》で手《て》に入《い》れられたものなのだということが分《わ》かります。

※過程《かてい》…（進化《しんか》が）始《はじ》まってから、ある結果《けっか》になるまでの道《みち》すじ。

（令和二年度版　光村図書　国語五　銀河　今泉《いまいずみ》　忠明《ただあき》）

1

(1) 固有種《こゆうしゅ》には、どんな種《しゅ》が多《おお》くいるといっていますか。

古い時代 から生《い》き続《つづ》けている種《しゅ》。

(2) アマミノクロウサギは、どんなところが、めずらしいウサギだといっていますか。文中《ぶんちゅう》の言葉《ことば》で書《か》き出《だ》しましょう。

およそ三百万年以上前からほぼそのままのすがたで生きてきた とされているところ。

2

(1) ㋐このウサギとは、何《なん》というウサギのことですか。

アマミノクロウサギ

(2) 進化《しんか》したウサギには、どのような特徴《とくちょう》がありますか。文中《ぶんちゅう》から三《みっ》つ書《か》き出《だ》しましょう。

耳が長い

ぴょんぴょんはねる

鳴かない

11頁

固有種《こゆうしゅ》が教《おし》えてくれること (3)

名前

● 次《つぎ》の文章《ぶんしょう》を二回《にかい》読《よ》んで、答《こた》えましょう。

1

〔アマミノクロウサギと比《くら》べることで、ふつうのウサギの特徴《とくちょう》が、長《なが》い進化《しんか》の過程《かてい》で手《て》に入《い》れられたものなのだと分《わ》かります。〕

固有種《こゆうしゅ》と他《ほか》の種《しゅ》とを比《くら》べることは、生物《せいぶつ》の進化《しんか》の研究《けんきゅう》にとても役立《やくだ》つのです。

2

日本《にほん》には、固有種《こゆうしゅ》がたくさん生息《せいそく》するゆたかな環境《かんきょう》があります。わたしは、この固有種《こゆうしゅ》たちがすむ日本《にほん》の環境《かんきょう》を、できるだけ残《のこ》していきたいと考《かんが》えています。

※生息《せいそく》…生物《せいぶつ》がすみついて生《い》きていること。

（令和二年度版　光村図書　国語五　銀河　今泉《いまいずみ》　忠明《ただあき》）

1

(1) 「アマミノクロウサギとふつうのウサギを比《くら》べること」を別《べつ》の言《い》い方《かた》で言《い》い直《なお》しています。文中《ぶんちゅう》の言葉《ことば》で書《か》きましょう。

固有種 と 他の種 とを比《くら》べること。

(2) 固有種《こゆうしゅ》と他《ほか》の種《しゅ》を比《くら》べることは、どんなことにとても役立《やくだ》つといっていますか。

生物の進化の研究

2

(1) 日本《にほん》には、どんな環境《かんきょう》があるといっていますか。文中《ぶんちゅう》の言葉《ことば》で書《か》き出《だ》しましょう。

固有種がたくさん生息するゆたかな 環境《かんきょう》。

(2) 筆者《ひっしゃ》が、日本《にほん》の環境《かんきょう》について考《かんが》えていることは、どんなことですか。

固有種 たちがすむ日本《にほん》の環境《かんきょう》を、できるだけ残していきたい ということ。

（※「日本《にほん》」は「にっぽん」とも読《よ》みます。）

12頁

固有種《こゆうしゅ》が教《おし》えてくれること　(4)

名前

● 次《つぎ》の文章《ぶんしょう》を二回《にかい》読《よ》んで、答《こた》えましょう。

1

日本《にほん》に固有種《こゆうしゅ》が多《おお》いことは、同《おな》じように大陸《たいりく》に近《ちか》いところにある島国《しまぐに》イギリスと比《くら》べるとよく分《わ》かります。ユーラシア大陸《たいりく》をはさんで東《ひがし》に日本列島《にほんれっとう》、西《にし》にイギリス諸島《しょとう》があります。

2

それぞれの国《くに》の陸地《りくち》にすむ陸生《りくせい》ほ乳類《にゅうるい》の種《しゅ》の数《かず》を比《くら》べてみましょう。日本《にほん》には、アマミノクロウサギをはじめ、百七種《ひゃくななしゅ》がいて、そのうち半数《はんすう》近《ちか》くの四十八種《よんじゅうはっしゅ》が固有種《こゆうしゅ》です。一方《いっぽう》のイギリスには、ハリネズミ、ヨーロッパヤマネコなど四十二種《よんじゅうにしゅ》がいますが、固有種《こゆうしゅ》はゼロ。イギリスにすんでいるほ乳類《にゅうるい》は、全《すべ》て対岸《たいがん》のユーラシア大陸《たいりく》と同《おな》じ種《しゅ》なのです。

資料《しりょう》1：日本《にほん》とイギリスの陸生《りくせい》ほ乳類《にゅうるい》（国立科学博物館資料《こくりつかがくはくぶつかんしりょう》より）

	国土面積《こくどめんせき》	陸生《りくせい》ほ乳類《にゅうるい》の種《しゅ》の数《かず》（うち固有種《こゆうしゅ》）	1万《まん》㎢あたりの種《しゅ》の数《かず》（うち固有種《こゆうしゅ》）
日本《にほん》	約《やく》37.8万《まん》㎢	107種《しゅ》（48種《しゅ》）	2.83種《しゅ》（1.27種《しゅ》）
イギリス	約《やく》24.3万《まん》㎢	42種《しゅ》（0種《しゅ》）	1.73種《しゅ》（0種《しゅ》）

※陸生《りくせい》ほ乳類《にゅうるい》…陸上《りくじょう》にくらすほ乳類《にゅうるい》のこと。

（令和二年度版　光村図書　国語五　銀河　今泉　忠明）

1

(1) 日本《にほん》に固有種《こゆうしゅ》が多《おお》いことは、何《なん》という国《くに》と比《くら》べると、よく分《わ》かりますか。

〔イギリス〕

(2) 日本列島《にほんれっとう》とイギリス諸島《しょとう》にはさまれているのは、何《なん》という大陸《たいりく》ですか。

〔ユーラシア大陸〕

2

(1) 日本《にほん》とイギリスの、何《なに》を比《くら》べていますか。○をつけましょう。

（　）陸地《りくち》の面積《めんせき》。
（○）陸生《りくせい》ほ乳類《にゅうるい》の種《しゅ》の数《かず》。

(2) 日本《にほん》とイギリスの、陸生《りくせい》ほ乳類《にゅうるい》の種《しゅ》の数《かず》のうち、固有種《こゆうしゅ》の数《かず》をそれぞれ書《か》きましょう。

・日本《にほん》　〔四十八（種）〕
・イギリス　〔ゼロ（種）〕

(3) イギリスの固有種《こゆうしゅ》の数《かず》から、どんなことがいえますか。○をつけましょう。

（○）イギリスには固有種《こゆうしゅ》がいない。
（　）イギリスにも多《おお》くの固有種《こゆうしゅ》がいる。

（※「日本《にほん》」は「にっぽん」とも読《よ》みます。）

13頁

固有種《こゆうしゅ》が教《おし》えてくれること　(5)

名前

● 次《つぎ》の文章《ぶんしょう》を二回《にかい》読《よ》んで、答《こた》えましょう。

1

日本《にほん》に固有種《こゆうしゅ》が多《おお》いわけは、日本列島《にほんれっとう》の成《な》り立《た》ちに関係《かんけい》があります。日本列島《にほんれっとう》は、はるか昔《むかし》、大陸《たいりく》と陸続《りくつづ》きでした。このとき、多《おお》くの動物《どうぶつ》が、大陸《たいりく》からわたってきたとされています。

2

その後《ご》、日本列島《にほんれっとう》は、長《なが》い年月《ねんげつ》をかけて大陸《たいりく》から切《き》りはなされていきます。野生生物《やせいせいぶつ》の分布《ぶんぷ》をもとにすると、日本列島《にほんれっとう》は北《きた》から北海道《ほっかいどう》、本土《ほんど》（本州《ほんしゅう》・四国《しこく》・九州《きゅうしゅう》）、南西諸島《なんせいしょとう》の三《みっ》つのちいきに分《わ》けられますが、それは、大陸《たいりく》から切《き》りはなされて島《しま》になった時期《じき》が、それぞれのちいきでことなるためです。

※ことなる…ちがう。

（令和二年度版　光村図書　国語五　銀河　今泉　忠明）

1

(1) 日本《にほん》に固有種《こゆうしゅ》が多《おお》いわけは、何《なに》に関係《かんけい》がありますか。

〔日本列島の成り立ち〕

(2) 多《おお》くの動物《どうぶつ》が大陸《たいりく》から日本列島《にほんれっとう》にわたってきたのは、はるか昔《むかし》、日本《にほん》列島《れっとう》がどうなっていたときでしたか。

大陸《たいりく》と〔陸続き〕だったとき。

2

(1) 日本《にほん》は、どこから切《き》りはなされていきましたか。

〔大陸〕

(2) 日本列島《にほんれっとう》は、どのような三《みっ》つのちいきに分《わ》けられるといっていますか。北《きた》からじゅんに文中《ぶんちゅう》の言葉《ことば》で書《か》きましょう。
（習《なら》っていない言葉《ことば》は、ひらがなで書《か》きましょう。）

〔北海道〕
〔本土（本州・四国・九州）〕
〔南西諸島〕

（※「日本《にほん》」は「にっぽん」とも読《よ》みます。）

14頁

固有種《こゆうしゅ》が教《おし》えてくれること　(6)

名前

● 教科書《きょうかしょ》の「固有種《こゆうしゅ》が教《おし》えてくれること」の全文《ぜんぶん》を読《よ》んだ後《あと》、次《つぎ》の文章《ぶんしょう》を二回《にかい》読《よ》んで、答《こた》えましょう。

1

このようなことから、日本列島《にほんれっとう》には数百万年前《すうひゃくまんねんまえ》に出現《しゅつげん》したものをはじめ、さまざまな時代《じだい》から生《い》き続《つづ》けている㋐ほ乳類《にゅうるい》が見《み》られ、そのほぼ半数《はんすう》が固有種《こゆうしゅ》なのです。

2

では、㋑このさまざまな動物《どうぶつ》たちが何万年《なんまんねん》も生《い》き続《つづ》けることができたのはなぜでしょう。それは、日本列島《にほんれっとう》が南北《なんぼく》に長《なが》いため、寒《さむ》いちいきからあたたかいちいきまでの気候的《きこうてき》なちがいが大《おお》きく、地形的《ちけいてき》にも、平地《へいち》から標高三千《ひょうこうさんぜん》メートルをこす山岳地帯《さんがくちたい》まで変化《へんか》に富《と》んでいるからです。そのおかげで、さまざまな動物《どうぶつ》たちがくらせる、ゆたかで多様《たよう》な環境《かんきょう》が形《かたち》づくられたのです。

※標高《ひょうこう》…海水面《かいすいめん》から測《はか》った陸地《りくち》の高《たか》さ。
※山岳《さんがく》…高《たか》い山々《やまやま》。
※多様《たよう》な…さまざまな。

（令和二年度版　光村図書　国語五　銀河　今泉　忠明）

1

㋐そのほぼ半数《はんすう》とは、何《なん》の半数《はんすう》ですか。
（習《なら》っていない漢字《かんじ》は、ひらがなで書《か》きましょう。）

〔さまざまな時代《じだい》から生《い》き続《つづ》けている〔ほ乳類〕の半数《はんすう》。〕

2

(1) ㋑さまざまな動物《どうぶつ》たちが…なぜでしょう。とありますが、その理由《りゆう》は何《なん》だといっていますか。二《ふた》つ選《えら》んで○をつけましょう。

（　）どの動物《どうぶつ》も、大《おお》きくて強《つよ》かったから。
（○）日本《にほん》は、気候的《きこうてき》なちがいが大《おお》きいから。
（○）日本《にほん》の地形《ちけい》は、変化《へんか》に富《と》んでいるから。

(2) 日本《にほん》の気候的《きこうてき》なちがいが大《おお》きいのは、なぜですか。文中《ぶんちゅう》の言葉《ことば》で書《か》き出《だ》しましょう。

〔日本列島が南北に長いため〕

(3) ちがいの大《おお》きい気候《きこう》や、変化《へんか》に富《と》んだ地形《ちけい》のおかげで、日本列島《にほんれっとう》に形《かたち》づくられたのは、どんな環境《かんきょう》でしたか。

〔さまざまな動物《どうぶつ》たちがくらせる、〔ゆたかで多様な〕環境《かんきょう》。〕

（※「日本《にほん》」は「にっぽん」とも読《よ》みます。）

15頁

固有種《こゆうしゅ》が教《おし》えてくれること　(7)

名前

● 次《つぎ》の文章《ぶんしょう》を二回《にかい》読《よ》んで、答《こた》えましょう。

1

〔動物《どうぶつ》たちが何万年《なんまんねん》も生《い》き続《つづ》けることができたのは、南北《なんぼく》に長《なが》い日本列島《にほんれっとう》では、気候《きこう》のちがいが大《おお》きく、地形的《ちけいてき》にも変化《へんか》に富《と》んでいるからです。〕

そのおかげで、さまざまな動物《どうぶつ》たちがくらせる、ゆたかで多様《たよう》な環境《かんきょう》が形《かたち》づくられたのです。㋐日本《にほん》にやって来《き》た動物《どうぶつ》たちは、それぞれ自分《じぶん》に合《あ》った場所《ばしょ》を選《えら》んだことで生《い》きぬくことができたのでしょう。そして、㋑その場所《ばしょ》は、今日《こんにち》まで長《なが》く保《たも》たれてきました。

2

固有種《こゆうしゅ》が生《い》き続《つづ》けていくためには、このゆたかな環境《かんきょう》が㋒保全《ほぜん》される必要《ひつよう》があるのです。

（令和二年度版　光村図書　国語五　銀河　今泉　忠明）

1

(1) ㋐日本《にほん》にやって来《き》た動物《どうぶつ》たちは、何《なに》を選《えら》んだことで、生《い》きぬくことができたのですか。

〔それぞれ自分に合った場所〕

(2) ㋑その場所《ばしょ》とは、どんな場所《ばしょ》のことですか。○をつけましょう。

（　）日本《にほん》にやって来《く》る前《まえ》に、それぞれの動物《どうぶつ》がくらしていた場所《ばしょ》。
（○）さまざまな動物《どうぶつ》たちがそれぞれ選《えら》んだ、自分《じぶん》に合《あ》った場所《ばしょ》。

2

(1) ㋒保全《ほぜん》とは、どんな意味《いみ》ですか。○をつけましょう。

（○）そのまま変《か》わらないようにして守《まも》っていること。
（　）よりよく変《か》えていくこと。

(2) 固有種《こゆうしゅ》が生《い》き続《つづ》けていくために必要《ひつよう》なのは、どのようなことですか。○をつけましょう。

（　）環境《かんきょう》をもっと変《か》えていくこと。
（○）ゆたかで多様《たよう》な環境《かんきょう》をそのまま残《のこ》すこと。

（※「日本《にほん》」は「にっぽん」とも読《よ》みます。）

解答例

本書の解答は，あくまでもひとつの例です。児童に取り組ませる前に，必ず指導される方が問題を解いてください。指導される方の作られた解答をもとに，児童の多様な考えに寄り添って○つけをお願いします。

16頁

情報《じょうほう》 統計《とうけい》資料《しりょう》の読《よ》み方《かた》

名前

(1) 次《つぎ》の㋐、㋑は、どちらも、ある小学校《しょうがっこう》の図書館《としょかん》の利用人数《りようにんずう》について調《しら》べた結果《けっか》を表《あらわ》したグラフです。同《おな》じ内容《ないよう》を表《あらわ》している二《ふた》つのグラフを見《み》て、問題《もんだい》に答《こた》えましょう。

〈〇〇小学校《しょうがっこう》の図書館《としょかん》の利用人数《りようにんずう》〉

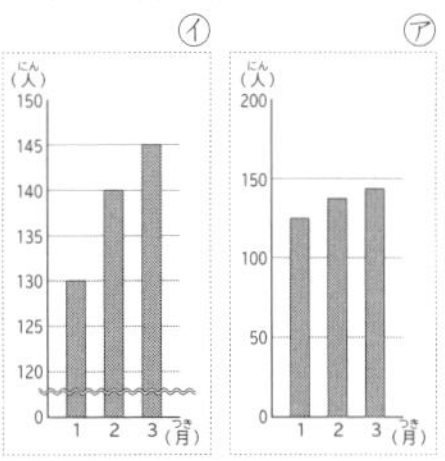

● 二《ふた》つのグラフの印象《いんしょう》が大《おお》きくちがうのは、何《なに》がちがうからですか。〇をつけましょう。

( ) 調《しら》べた月《つき》。

( ) 単位《たんい》。

(〇) 目《め》もりのとり方《かた》。

(2) 次《つぎ》の資料《しりょう》㋐と資料《しりょう》㋑を見《み》て、問題《もんだい》に答《こた》えましょう。

〈資料《しりょう》㋐〉小学生《しょうがくせい》が好《す》きな本《ほん》・ざっしの種類《しゅるい》

1位《い》	まんが	30％《パーセント》
2位《い》	アニメざっし	25％《パーセント》
3位《い》	絵本《えほん》	14％《パーセント》

全国《ぜんこく》の小学生《しょうがくせい》 1200人《にん》（各学年《かくがくねん》の男女《だんじょ》100人《にん》ずつ）に調査《ちょうさ》［2016年《ねん》］

〈資料《しりょう》㋑〉〇〇市立図書館《しりつとしょかん》に来《き》た小学生《しょうがくせい》が好《す》きな本《ほん》・ざっしの種類《しゅるい》

1位《い》	まんが	25％《パーセント》
2位《い》	絵本《えほん》	20％《パーセント》
3位《い》	ファンタジー	17％《パーセント》

〇〇市立図書館《しりつとしょかん》に来《き》た小学生《しょうがくせい》100人《にん》に調査《ちょうさ》［2017年《ねん》］

（令和二年度版　光村図書　国語五　銀河「統計資料の読み方」による）

① 調査《ちょうさ》の対象《たいしょう》が、全国《ぜんこく》の小学生《しょうがくせい》千二百人《せんにひゃくにん》だったのは、資料《しりょう》㋐、㋑のどちらですか。記号《きごう》で答《こた》えましょう。

㋐

② 調査《ちょうさ》の時期《じき》が、より新《あたら》しいのは、資料《しりょう》㋐、㋑のどちらですか。記号《きごう》で答《こた》えましょう。

㋑

③ 資料《しりょう》㋑で三位《さんい》までに入《はい》っているのに、資料《しりょう》㋐には入《はい》っていない本《ほん》・ざっしの種類《しゅるい》を書《か》きましょう。

ファンタジー

17頁

グラフや表《ひょう》を用《もち》いて書《か》こう (1)

名前

● 教科書《きょうかしょ》の「グラフや表《ひょう》を用《もち》いて書《か》こう」の全文《ぜんぶん》を読《よ》んだ後《あと》、次《つぎ》の文章《ぶんしょう》を二回《にかい》読《よ》んで、答《こた》えましょう。

1

右《みぎ》のグラフは、家庭《かてい》や会社《かいしゃ》から出《で》るごみの排出量《はいしゅつりょう》を示《しめ》したものです。折《お》れ線《せん》グラフは、一人一日当《ひとりいちにちあ》たりの排出量《はいしゅつりょう》を表《あらわ》し、ぼうグラフは、日本全体《にほんぜんたい》の排出量《はいしゅつりょう》を表《あらわ》しています。

※排出《はいしゅつ》…出《だ》すこと。

ごみの総排出量《そうはいしゅつりょう》の推移《すいい》

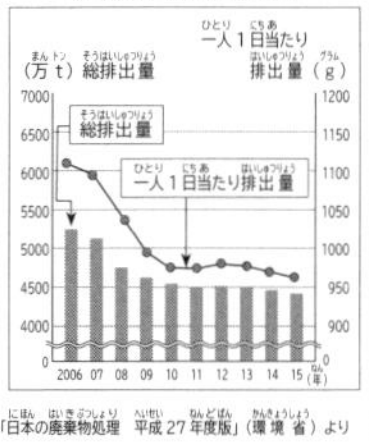

「日本《にほん》の廃棄物処理《はいきぶつしょり》 平成《へいせい》27年度版《ねんどばん》」（環境省《かんきょうしょう》）より

2

これを見《み》ると、どちらもだんだん排出量《はいしゅつりょう》が ㋐ ことが分《わ》かります。折《お》れ線《せん》のいちばん高《たか》い二〇〇六年《にせんろくねん》と二〇一五年《にせんじゅうごねん》の一人一日当《ひとりいちにちあ》たりの排出量《はいしゅつりょう》を比《くら》べてみましょう。二〇〇六年《にせんろくねん》は約一一二〇《やくせんひゃくにじゅう》グラム、二〇一五年《にせんじゅうごねん》は約九五〇《やくきゅうひゃくごじゅう》グラムで、約一七〇《やくひゃくななじゅう》グラム減《へ》っていることが分《わ》かります。

（令和二年度版　光村図書　国語五　銀河「グラフや表を用いて書こう」による）

1 (1) グラフが示《しめ》しているものは、何《なん》ですか。

家庭《かてい》や会社《かいしゃ》から出《で》る ごみ の排出量《はいしゅつりょう》。

(2) 折《お》れ線《せん》グラフと、ぼうグラフは、それぞれ何《なに》を表《あらわ》していますか。

・折《お》れ線《せん》グラフ　一人一日当たり の排出量《はいしゅつりょう》。

・ぼうグラフ　日本全体 の排出量《はいしゅつりょう》。

2 (1) ㋐ にあてはまる言葉《ことば》に〇をつけましょう。

( ) 増《ふ》えてきている

(〇) 減《へ》ってきている

(2) 何年《なんねん》と何年《なんねん》の、何《なん》の量《りょう》を比《くら》べていますか。（習《なら》っていない漢字《かんじ》は、ひらがなで書《か》きましょう。）

二〇〇六 年《ねん》と 二〇十五 年《ねん》の、一人一日当たりの（ごみの）排出量。

（※「日本《にほん》」は「にっぽん」とも読《よ》みます。）

18頁

グラフや表《ひょう》を用《もち》いて書《か》こう (2)

名前

● 次《つぎ》の文章《ぶんしょう》を二回《にかい》読《よ》んで、答《こた》えましょう。

1

〔家庭《かてい》や会社《かいしゃ》から出《で》るごみの排出量《はいしゅつりょう》のグラフから、二〇〇六年《にせんろくねん》と比《くら》べて、二〇一五年《にせんじゅうごねん》のごみの一人一日当《ひとりいちにちあ》たりの排出量《はいしゅつりょう》が約一七〇《やくひゃくななじゅう》グラム減《へ》っていることが分かりました。〕

㋐家庭《かてい》や会社《かいしゃ》からのごみの排出量《はいしゅつりょう》が減《へ》っているということは、個人《こじん》の小《ちい》さな努力《どりょく》の積《つ》み重《かさ》ねが成果《せいか》を上《あ》げているということだと思《おも》います。このまま社会全体《しゃかいぜんたい》で努力《どりょく》を続《つづ》ければ、ごみをあまり出《だ》さないくらしに向《む》かっていくことができるでしょう。

2

㋒一人一日当《ひとりいちにちあ》たりのごみの排出量《はいしゅつりょう》が、十年間《じゅうねんかん》で約一七〇《やくひゃくななじゅう》グラム減《へ》っているということを述《の》べました。 ㋑ 、グラフをもとにして、ごみの少《すく》ない社会《しゃかい》は、自然《しぜん》にも、人《ひと》がくらす環境《かんきょう》にも、やさしい社会《しゃかい》といえるでしょう。日本《にほん》の社会《しゃかい》は、くらしやすい方向《ほうこう》に向《む》かっていると思《おも》います。

（令和二年度版　光村図書　国語五　銀河「グラフや表を用いて書こう」による）

1 ㋐家庭《かてい》や会社《かいしゃ》からのごみの排出量《はいしゅつりょう》が減《へ》っているということを示《しめ》したグラフを見《み》て、この文章《ぶんしょう》の作者《さくしゃ》は、どんなことを考《かんが》えましたか。二《ふた》つ書《か》きましょう。

個人の小さな努力の積み重ねが成果を上げている ということ。

このまま社会全体《しゃかいぜんたい》で努力《どりょく》を続《つづ》ければ、ごみをあまり出さないくらしに向かっていくことができる ということ。

2 (1) ㋑ にあてはまる言葉《ことば》に〇をつけましょう。

( ) 例《たと》えば

(〇) このように

(2) ㋒一人一日当《ひとりいちにちあ》たりの…ということを、作者《さくしゃ》は何《なに》をもとにして述《の》べましたか。

（ごみの排出量の）グラフ

19頁

古典芸能《こてんげいのう》の世界《せかい》―語《かた》りで伝《つた》える (1)

名前

● 次《つぎ》の文章《ぶんしょう》を二回《にかい》読《よ》んで、答《こた》えましょう。

1

落語《らくご》は、身《み》ぶりを交《まじ》えて一人《ひとり》ではなしを語《かた》る芸《げい》です。江戸時代《えどじだい》ごろから、今《いま》のような形《かたち》で楽《たの》しまれるようになりました。

2

語《かた》る内容《ないよう》は笑《わら》える話《はなし》が多《おお》いのですが、感動《かんどう》する話《はなし》やこわい話《はなし》などもあります。はなしの最後《さいご》は、しゃれや意外《いがい》な結末《けつまつ》など、「落《お》ち」とよばれる効果的《こうかてき》な表現《ひょうげん》でしめくくられ、観客《かんきゃく》の笑《わら》いをさそいます。

（令和二年度版　光村図書　国語五　銀河「古典芸能の世界」による）

1 (1) 落語《らくご》は、どんな芸《げい》ですか。文中《ぶんちゅう》の言葉《ことば》で書《か》き出《だ》しましょう。

身ぶりを交えて一人ではなしを語る芸

(2) 落語《らくご》が今《いま》のような形《かたち》で楽《たの》しまれるようになったのは、いつからですか。

江戸時代ごろ

2 (1) 語《かた》る内容《ないよう》には、どんな話《はなし》がありますか。三《みっ》つ書《か》きましょう。

笑える話

感動する話

こわい話

(2) はなしの最後《さいご》は、何《なん》とよばれる効果的《こうかてき》な表現《ひょうげん》でしめくくられますか。文中《ぶんちゅう》の二文字《にもじ》の言葉《ことば》で答《こた》えましょう。

落ち

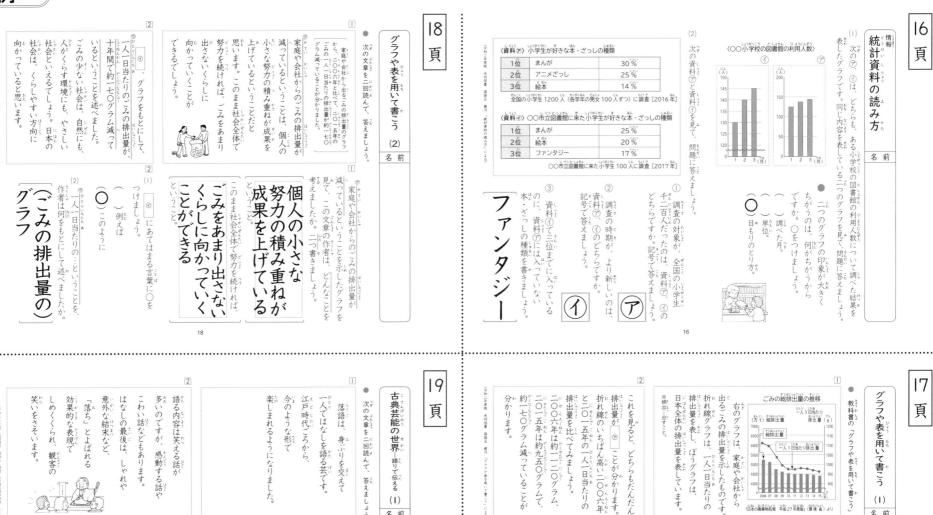

20 頁

古典《こてん》芸能《げいのう》の世界《せかい》―語《かた》りで伝《つた》える (2)

名前

● 次《つぎ》の文章《ぶんしょう》を二回《にかい》読《よ》んで、答《こた》えましょう。

1

［落語《らくご》は、身《み》ぶりを交《まじ》えて一人《ひとり》ではなしを語《かた》る芸《げい》です。］

また、落語家《らくごか》は、声《こえ》の調子《ちょうし》や顔《かお》の表情《ひょうじょう》や向《む》き、手《て》や体《からだ》の動《うご》きなどをうまく使《つか》って、たくさんの登場人物《とうじょうじんぶつ》を一人《ひとり》で演《えん》じ分《わ》けます。

2

さらに、せんすや手《て》ぬぐいを、食《た》べ物《もの》や日用品《にちようひん》など、いろいろなものに見立《みた》てることで、さまざまなしぐさを表現《ひょうげん》します。

（令和二年度版　光村図書　国語五　銀河「古典芸能の世界」による）

1

(1) 落語家《らくごか》は、たくさんの登場人物《とうじょうじんぶつ》を何人《なんにん》で演《えん》じますか。○をつけましょう。

（○）一人《ひとり》

（　）二人《ふたり》

(2) 落語家《らくごか》は、たくさんの登場人物《とうじょうじんぶつ》を一人《ひとり》で演《えん》じ分《わ》けるために、どのようにしますか。

声の調子や顔の表情や向き、手や体の動き などをうまく使《つか》う。

2

(1) 落語家《らくごか》は、さまざまなしぐさを表現《ひょうげん》するために、どんな道具《どうぐ》を使《つか》いますか。二《ふた》つ書《か》きましょう。

せんす　**手ぬぐい**

(2) せんすや手《て》ぬぐいを、どのように使《つか》うことで、落語家《らくごか》は、さまざまなしぐさを表現《ひょうげん》しますか。

食べ物や日用品 など いろいろなものに **見立てる** こと。

21 頁

カンジー博士《はかせ》の暗号解読《あんごうかいどく》 (1)

名前

◎ 次《つぎ》の文《ぶん》の●▲には、記号《きごう》ごとに同《おな》じ読《よ》み方《かた》の別《べつ》の漢字《かんじ》が入《はい》ります。〈例《れい》〉にならって、●▲に入《はい》る音《おん》を（　）にカタカナで書《か》き、また、それぞれの文《ぶん》の●▲に合《あ》う漢字《かんじ》を□から選《えら》んで□に書《か》きましょう。

〈例《れい》〉

①最《さい》●のパソコンを買《か》う。

②●友《ゆう》と旅《りょ》▲する。

③▲通《つう》ルールを守《まも》る。

（読《よ》み方《かた》）●（シン）▲（コウ）

① ● 新

② ● 親　▲ 行

③ ▲ 交

親・新・交・行

(1)

①エジソンの●記《き》を読《よ》む。

②ゲーム機《き》の●▲をかえる。

③広《ひろ》い土《と》▲に公園《こうえん》を作《つく》る。

④本《ほん》をたくさん読《よ》んで▲識《しき》を得《え》る。

（読《よ》み方《かた》）●（デン）▲（チ）

① ● 伝

② ● 電　▲ 池

③ ▲ 地

④ ▲ 知

知・池・地・電・伝

22 頁

カンジー博士《はかせ》の暗号解読《あんごうかいどく》 (2)

名前

◎ 次《つぎ》の文《ぶん》の●▲には、記号《きごう》ごとに同《おな》じ読《よ》み方《かた》の別《べつ》の漢字《かんじ》が入《はい》ります。●▲に入《はい》る音《おん》を（　）にカタカナで書《か》き、また、それぞれの文《ぶん》の●▲に合《あ》う漢字《かんじ》を□から選《えら》んで□に書《か》きましょう。

(1)

①本《ほん》を読《よ》み、読書《どくしょ》●想《そう》▲を書《か》く。

②ケーキを妹《いもうと》と半《はん》▲ずつ食《た》べた。

③図書《としょ》●で一年前《いちねんまえ》の新《しん》▲を読《よ》む。

（読《よ》み方《かた》）●（カン）▲（ブン）

① ● 感　▲ 文

② ▲ 分

③ ● 館　▲ 聞

館・感・分・聞・文

(2)

①愛《あい》●と散歩《さんぽ》に行《い》く。

②実《じっ》●は、理《り》▲室《しつ》で行《おこな》われる。

③歴史《れきし》を●究《きゅう》する会合《かいごう》に参《さん》▲する。

④昨日《きのう》、となり町《まち》で▲事《じ》が起《お》きた。

（読《よ》み方《かた》）●（ケン）▲（カ）

① ● 犬

② ● 験　▲ 科

③ ● 研　▲ 加

④ ▲ 火

験・研・犬・火・加・科

23 頁

カンジー博士《はかせ》の暗号解読《あんごうかいどく》 (3)

名前

◎ 次《つぎ》の文《ぶん》の●▲■には、記号《きごう》ごとに同《おな》じ読《よ》み方《かた》の別《べつ》の漢字《かんじ》が入《はい》ります。●▲■に入《はい》る音《おん》を（　）にカタカナで書《か》き、また、それぞれの文《ぶん》の●▲■に合《あ》う漢字《かんじ》を□から選《えら》んで□に書《か》きましょう。

(1)

①北《きた》の●角《がく》から風《かぜ》がふく。

②●▲後《ご》、■庭《てい》で遊《あそ》ぶ。

③有名《ゆうめい》な音楽《おんがく》▲の■演《えん》を聞《き》きに行《い》く。

（読《よ》み方《かた》）●（ホウ）▲（カ）■（コウ）

① ● 方

② ● 放　▲ 課　■ 校

③ ▲ 家　■ 公

方・放・課・家・校・公

(2)

①毎朝《まいあさ》、六《ろく》●半《はん》に起《お》きる。

②新《あたら》しい●▲車《しゃ》に乗《の》る。

③テレビで▲■予報《よほう》を見《み》る。

④秋《あき》は読書《どくしょ》の■節《せつ》だ。

（読《よ》み方《かた》）●（ジ）▲（テン）■（キ）

① ● 時

② ● 自　▲ 転

③ ▲ 天　■ 気

④ ■ 季

天・転・時・自・季・気

本書の解答は，あくまでもひとつの例です。児童に取り組ませる前に，必ず指導される方が問題を解いてください。指導される方の作られた解答をもとに，児童の多様な考えに寄り添って○つけをお願いします。

24頁

カンジー博士《はかせ》の暗号解読《あんごうかいどく》 (4)

名前

◎ 次《つぎ》の文《ぶん》の●▲■には、記号《きごう》ごとに同《おな》じ読《よ》み方《かた》の別《べつ》の漢字《かんじ》が入《はい》ります。●▲■に入《はい》る音《おん》を（　）にカタカナで書《か》き、また、それぞれの文《ぶん》の●▲■に合《あ》う漢字《かんじ》を□から選《えら》んで□に書《か》きましょう。

(1) （読《よ》み方《かた》）●（ハン）▲（セイ）■（コウ）

① 自分《じぶん》の行《おこな》いを●▲する。　● 反　▲ 省

② 機械化《きかいか》で▲産力《さんりょく》が■上《じょう》する。　▲ 生　■ 向

③ 初《はじ》めての夕《ゆう》●作《づく》りは▲■した。　● 飯　▲ 成　■ 功

生・省・成・向・功・飯・反

(2) （読《よ》み方《かた》）●（シャ）▲（シン）■（イ）

① 美《うつく》しい風景《ふうけい》を●▲にとる。　● 写　▲ 真

② 川《かわ》は、水《すい》▲一《いち》メートル■上《じょう》ある。　▲ 深　■ 以

③ ●会科《かいか》が好《す》きだなんて■外《がい》だ。　● 社　■ 意

④ 図書《としょ》■員《いん》の仕事《しごと》をする。　■ 委

以・委・意・社・写・真・深

25頁

古典《こてん》の世界《せかい》（二《に》） (1)

（論語《ろんご》）

名前

「論語《ろんご》」は、中国《ちゅうごく》の古代《こだい》の思想家《しそうか》である孔子《こうし》と、その弟子《でし》たちの問答《もんどう》などを記録《きろく》した書物《しょもつ》です。次《つぎ》の〈もとの文《ぶん》〉の文章《ぶんしょう》は、「論語《ろんご》」の中《なか》に書《か》かれている言葉《ことば》です。

● 次《つぎ》の「論語《ろんご》」の文章《ぶんしょう》を二回音読《にかいおんどく》し、意味《いみ》の文《ぶん》も読《よ》んで、答《こた》えましょう。

1

〈もとの文《ぶん》〉

㋐子曰《しい（わ）》はく、「己《おのれ》の欲《ほっ》せざる所《ところ》は、㋑人《ひと》に施《ほどこ》すこと勿《な》かれ。」と。

〈意味《いみ》の文《ぶん》〉

孔子《こうし》は言《い》った。「自分《じぶん》が人《ひと》からされたくないと思《おも》うことを、他人《たにん》に対《たい》してしてはならない。」と。

2

〈もとの文《ぶん》〉

子曰《しい（わ）》はく、「過《あやま》ちて改《あらた》めざる、是《これ》を過《あやま》ちと謂《い（う）》ふ。」と。

〈意味《いみ》の文《ぶん》〉

孔子《こうし》は言《い》った。「人《ひと》はだれでも過《あやま》ちがあるものだが、過《あやま》ちをおかしてそれを改《あらた》めないのが、㋒本当《ほんとう》の過《あやま》ちというものだ。」と。

（令和二年度版　光村図書　国語五　銀河「古典の世界（二）」による）

1

(1) ㋐子曰《しい（わ）》くとは、どんな意味《いみ》ですか。〈意味《いみ》の文《ぶん》〉を見《み》て書《か》きましょう。（習《なら》っていない漢字《かんじ》は、ひらがなで書《か》きましょう。）

孔子は言った。

(2) ㋑人《ひと》に施《ほどこ》すこと勿《な》かれとは、どんな意味《いみ》ですか。〈意味《いみ》の文《ぶん》〉を見《み》て書《か》きましょう。

他人に対してしてはならない

2 ㋒本当《ほんとう》の過《あやま》ちについて答《こた》えましょう。

① 「過《あやま》ち」とは、どんな意味《いみ》ですか。○をつけましょう。

（　）ごめんなさいと言《い》うこと。

（○）まちがい。失敗《しっぱい》。

② 「本当《ほんとう》の過《あやま》ち」とは、どういうことだといっていますか。〈意味《いみ》の文《ぶん》〉を見《み》て書《か》きましょう。

過ち をおかしてそれを 改めない こと。

26頁

古典《こてん》の世界《せかい》（二《に》） (2)

（漢詩《かんし》「春暁《しゅんぎょう》」）

名前

漢詩《かんし》は、中国《ちゅうごく》の詩《し》で、もともとは漢字《かんじ》だけで書《か》かれたものです。次《つぎ》の詩《し》「春暁《しゅんぎょう》」は、最《もっと》もよく知《し》られた漢詩《かんし》の一《ひと》つで、昔《むかし》の中国《ちゅうごく》の詩人《しじん》、孟浩然《もうこうねん》の代表作《だいひょうさく》です。

● 次《つぎ》の「漢詩《かんし》」の文章《ぶんしょう》を二回音読《にかいおんどく》し、意味《いみ》の文《ぶん》も読《よ》んで、答《こた》えましょう。

春暁《しゅんぎょう》　孟《もう》　浩然《こうねん》

春眠《しゅんみん》　暁《あかつき》を覚《おぼ》えず
処処《しょしょ》　啼鳥《ていちょう》を聞《き》く
夜来《やらい》　風雨《ふうう》の声《こえ》
花落《はなお》つること　知《し》る多少《たしょう》

〈意味《いみ》の文《ぶん》〉

春《はる》の眠《ねむ》りは気持《きも》ちがよくて、朝《あさ》になったのも気《き》づかなかった。あちこちで鳥《とり》の鳴《な》く声《こえ》が聞《き》こえてくる。昨日《きのう》の夜《よる》は雨《あめ》や風《かぜ》の音《おと》がしていたが、花《はな》はどのくらい散《ち》ってしまっただろうか。

（令和二年度版　光村図書　国語五　銀河「古典の世界（二）」による）

(1) 暁《あかつき》を覚《おぼ》えずとは、どんな意味《いみ》ですか。〈意味《いみ》の文《ぶん》〉から書《か》き出《だ》しましょう。

朝になったのも気づかなかった。

(2) （　）の中《なか》にあてはまる言葉《ことば》を書《か》いて、次《つぎ》の表《ひょう》を完成《かんせい》させましょう。

もとの文《ぶん》	意味《いみ》
① 春眠《しゅんみん》	気持《きも》ちのよい（春）の眠《ねむ》り
② 啼鳥《ていちょう》	（鳥）の鳴《な》く声《こえ》
③ 夜来《やらい》	昨日《きのう》の（夜）から

(3) 作者《さくしゃ》が眠《ねむ》りから目覚《めざ》めたとき、聞《き》こえてきたのは、どんな音《おと》でしたか。○をつけましょう。

（○）鳥《とり》の鳴《な》き声《ごえ》。

（　）雨《あめ》や風《かぜ》の音《おと》。

27頁

やなせたかし—アンパンマンの勇気《ゆうき》 (1)

名前

教科書《きょうかしょ》の「やなせたかし—アンパンマンの勇気《ゆうき》」の次《つぎ》の文章《ぶんしょう》を読《よ》んで、答《こた》えましょう。

1 教科書《きょうかしょ》

「やなせたかし（本名《ほんみょう》　柳瀬嵩《やなせたかし》）は、…

…夢《ゆめ》をいだくようになった。」

(1) たかしが五《ご》さいのとき、どんなできごとがありましたか。二《ふた》つ選《えら》んで○をつけましょう。

（○）父親《ちちおや》が病死《びょうし》した。

（　）母《はは》と弟《おとうと》と三人《さんにん》で、高知県《こうちけん》に移《うつ》り住《す》んだ。

（○）弟《おとうと》と二人《ふたり》で、高知県《こうちけん》のおじ夫婦《ふうふ》のもとに引《ひ》き取《と》られた。

(2) 中学校《ちゅうがっこう》に進《すす》むころ、たかしがさびしさをわすれることができたのは、何《なに》をしているときだけでしたか。

夢中《むちゅう》になって 絵 をかいているとき。

(3) たかしは、どんな夢《ゆめ》をいだくようになりましたか。

将来《しょうらい》は まんが家 になりたいという夢《ゆめ》。

2 教科書《きょうかしょ》

「本格的《ほんかくてき》に美術《びじゅつ》の勉強《べんきょう》をするために…

……ぼくは何《なに》をすればいいのだろう。」

(1) 学校《がっこう》を卒業後《そつぎょうご》、就職《しゅうしょく》した会社《かいしゃ》で、たかしが仕事《しごと》をしたのが一年間《いちねんかん》だけだったのは、なぜですか。

たかしは徴兵《ちょうへい》されて、中国大陸《ちゅうごくたいりく》の 戦場 に行《い》くことになったから。

(2) 戦場《せんじょう》でさまざまな苦《くる》しい目《め》にあった中《なか》で、たかしが最《もっと》もつらかったことは、何《なん》ですか。一《ひと》つに○をつけましょう。

（　）長《なが》いきょりを歩《ある》いて移動《いどう》すること。

（　）マラリアで高熱《こうねつ》が出《で》たこと。

（○）食《た》べる物《もの》がなかったこと。

(3) 戦後《せんご》、弟《おとうと》の戦死《せんし》を知《し》ったたかしは、どんなことを考《かんが》えましたか。○をつけましょう。

（○）生《い》き残《のこ》った自分《じぶん》は、弟《おとうと》の代《か》わりに何《なに》をすればいいのか考《かんが》えた。

（　）弟《おとうと》が死《し》んだ原因《げんいん》が知《し》りたくて調《しら》べようと考《かんが》えた。

本書の解答は，あくまでもひとつの例です。児童に取り組ませる前に，必ず指導される方が問題を解いてください。指導される方の作られた解答をもとに，児童の多様な考えに寄り添って○つけをお願いします。

解答例

28 頁

やなせたかし——アンパンマンの勇気《ゆうき》 (2)

名前

教科書《きょうかしょ》の「やなせたかし——アンパンマンの勇気《ゆうき》」の次《つぎ》の文章《ぶんしょう》を読《よ》んで、答《こた》えましょう。

1 教科書《きょうかしょ》

「戦争《せんそう》が終《お》わってからずっと、…

〜

…正《ただ》しいことのはずだ。」

(1) 戦争《せんそう》が終《お》わってからずっと、たかしの頭《あたま》からはなれなかったのは、どんな問《と》いでしたか。

「正義 とは何《なん》だろう。」

(2) (1)の問《と》いに対《たい》して、たかしが見《み》つけたのは、どんな答《こた》えでしたか。一《ひと》つに○をつけましょう。

( ) この世《よ》に正義《せいぎ》はない。

(○) 本当《ほんとう》の正義《せいぎ》とは、おなかがすいている人《ひと》に、食《た》べ物《もの》を分《わ》けてあげることだ。

( ) 戦争《せんそう》に勝《か》つことが正義《せいぎ》だ。

(3) (2)の答《こた》えをたかしが見《み》つけたのは、道《みち》ばたで何《なに》を見《み》たからですか。

「おさない兄弟《きょうだい》がおにぎりを分《わ》け合《あ》って食《た》べるときの、幸《しあわ》せそうな えがお。」

2 教科書《きょうかしょ》

「たかしは五十四《ごじゅうよん》さいのとき、…

〜

…本当《ほんとう》の勇気《ゆうき》がわいてくるんだ。」

(1) アンパンマンがそれまでのヒーローとちがっていたのは、どんなところですか。二《ふた》つに○をつけましょう。

(○) 顔《かお》がぬれただけで力《ちから》をなくしてしまう。

(○) かっこいい武器《ぶき》をもっていない。

( ) 悲《かな》しんでいる人《ひと》に歌《うた》を歌《うた》って楽《たの》しませてくれる。

(2) アンパンマンが、最初《さいしょ》、大人《おとな》たちから「顔《かお》を食《た》べさせるなんて、ざんこくだ。」と評判《ひょうばん》が悪《わる》かったことに対《たい》して、たかしはどう考《かんが》えていましたか。□から選《えら》んで書《か》きましょう。

「正義《せいぎ》を行《おこな》い、人《ひと》を 助ける には、自分《じぶん》も 傷つく ことをかくごすべきで、どうしてもだれかを助《たす》けたいと思《おも》うとき、本当の勇気 がわいてくるんだ。」

本当《ほんとう》の勇気《ゆうき》 ・ 傷《きず》つく ・ 助《たす》ける

29 頁

あなたは、どう考《かんが》える (1)

名前

教科書《きょうかしょ》の「あなたは、どう考《かんが》える」を読《よ》んで、答《こた》えましょう。

● 次《つぎ》の文章《ぶんしょう》は、新聞《しんぶん》の投書《とうしょ》をきっかけに木原《きはら》さんが書《か》いた意見文《いけんぶん》の①段落《だんらく》と②段落《だんらく》の部分《ぶぶん》です。文章《ぶんしょう》を読《よ》んで、問題《もんだい》に答《こた》えましょう。

① ぼくは、病院《びょういん》のよび出《だ》しは番号《ばんごう》がよいと考《かんが》える。

② この間《あいだ》、学校《がっこう》の安全教室《あんぜんきょうしつ》で、個人情報《こじんじょうほう》についての話《はなし》を聞《き》いた。講師《こうし》の町田《まちだ》さんは、「インターネットは、だれが見《み》るか分《わ》からないものです。名前《なまえ》や住所《じゅうしょ》、電話番号《でんわばんごう》など、個人《こじん》に関《かん》する情報《じょうほう》を公開《こうかい》すると、個人《こじん》が特定《とくてい》され、悪用《あくよう》されるおそれがあります。」とおっしゃっていた。㋐病院《びょういん》も、だれがいるか分《わ》からない場所《ばしょ》だ。名前《なまえ》も、通院《つういん》していることも、大切《たいせつ》な個人情報《こじんじょうほう》である。他《ほか》の人《ひと》に知《し》られないようにするほうがいいだろう。

（令和二年度版　光村図書　国語五　銀河　「あなたは、どう考える」による）

(1) 「ぼく」(木原《きはら》さん)は、どんな考《かんが》えを主張《しゅちょう》していますか。

「病院《びょういん》のよび出《だ》しは、番号 がよいという考《かんが》え。」

(2) 学校《がっこう》の安全教室《あんぜんきょうしつ》で聞《き》いたのは、何《なに》についての話《はなし》でしたか。

「個人情報」

(3) 木原《きはら》さんは、㋐病院《びょういん》をどんな場所《ばしょ》だといっていますか。文中《ぶんちゅう》の言葉《ことば》で書《か》き出《だ》しましょう。

「だれがいるか分からない場所」

(4) 木原《きはら》さんが、大切《たいせつ》な個人情報《こじんじょうほう》だと考《かんが》えているもの二《ふた》つに○をつけましょう。

(○) 名前《なまえ》。

( ) 病院《びょういん》のよび出《だ》し番号《ばんごう》。

(○) 通院《つういん》していること。

(5) ②段落《だんらく》は、意見文《いけんぶん》の中《なか》でどんな役《やく》わりをしていますか。○をつけましょう。

(○) 主張《しゅちょう》を支《ささ》える理由《りゆう》を挙《あ》げている。

( ) 主張《しゅちょう》をまとめている。

30 頁

あなたは、どう考《かんが》える (2)

名前

教科書《きょうかしょ》の「あなたは、どう考《かんが》える」を読《よ》んで、答《こた》えましょう。

● 次《つぎ》の木原《きはら》さんが書《か》いた意見文《いけんぶん》のつづき(③段落《だんらく》)を読《よ》んで、問題《もんだい》に答《こた》えましょう。

病院《びょういん》のよび出《だ》しは番号《ばんごう》がよいと考《かんが》える。名前《なまえ》も、通院《つういん》していることも、大切《たいせつ》な個人《こじん》情報《じょうほう》だから、他人《たにん》に知《し》られないようにするほうがいい。

③ 名前《なまえ》だけならだいじょうぶだと思《おも》うかもしれない。しかし、けいび会社《がいしゃ》からもらった「子《こ》ども防犯《ぼうはん》ブック」には、「名前《なまえ》でよびかけられると、知《し》り合《あ》いかと思《おも》って油断《ゆだん》してしまう。持《も》ち物《もの》の記名場所《きめいばしょ》には注意《ちゅうい》しよう。」とある。顔《かお》と名前《なまえ》が分《わ》かるだけでも、安全面《あんぜんめん》で心配《しんぱい》があるといえる。㋐病院《びょういん》でのよび出《だ》しは、名前《なまえ》のほうが分《わ》かりやすいという意見《いけん》も理解《りかい》できるが、分《わ》かりやすさと安全面《あんぜんめん》を比《くら》べると、安全面《あんぜんめん》のほうが大切《たいせつ》なのではないだろうか。

（令和二年度版　光村図書　国語五　銀河　「あなたは、どう考える」による）

(1) ③段落《だんらく》では、それまでに述《の》べてきたことに対《たい》しての、予想《よそう》される反論《はんろん》が書《か》かれています。文中《ぶんちゅう》から一文《いちぶん》で書《か》き出《だ》しましょう。

「名前だけならだいじょうぶだと思うかもしれない。」

(2) (1)の「予想《よそう》される反論《はんろん》」に対《たい》する木原《きはら》さんの考《かんが》えを書《か》き出《だ》しましょう。

「顔と名前が分かる だけでも、安全面《あんぜんめん》で心配《しんぱい》がある。」

(3) (2)の考《かんが》えを説得力《せっとくりょく》のあるものにするため、木原《きはら》さんが示《しめ》したものは何《なん》でしたか。○をつけましょう。

( ) けいび会社《がいしゃ》の人《ひと》から聞《き》いた話《はなし》。

(○) 「子《こ》ども防犯《ぼうはん》ブック」の引用《いんよう》。

(4) ㋐病院《びょういん》でのよび出《だ》しについて、木原《きはら》さんは、分《わ》かりやすさより大切《たいせつ》なものを何《なん》だと考《かんが》えていますか。

「安全面」

31 頁

季節《きせつ》の言葉《ことば》4 冬《ふゆ》の朝《あさ》 (1) (枕草子《まくらのそうし》 冬《ふゆ》)

名前

● 次《つぎ》の清少納言《せいしょうなごん》が書《か》いた「枕草子《まくらのそうし》」の文章《ぶんしょう》を二回音読《にかいおんどく》し、意味《いみ》の文《ぶん》も読《よ》んで、答《こた》えましょう。

1

〈もとの文《ぶん》〉

冬《ふゆ》はつとめて。雪《ゆき》の降《ふ》りたるは言《い》ふ《(う)》べきにもあらず、霜《しも》のいと白《しろ》きも、またさらでもいと寒《さむ》きに、火《ひ》などいそぎおこして、炭《すみ》もてわたるもいと㋐つきづきし。

〈意味《いみ》の文《ぶん》〉

冬《ふゆ》は早朝《そうちょう》がよい。雪《ゆき》が降《ふ》っているのは言《い》うまでもない。霜《しも》が真《ま》っ白《しろ》なのも、またそうでなくても、とても寒《さむ》いときに、火《ひ》などを急《いそ》いでおこして、炭《すみ》を持《も》ち運《はこ》ぶ様子《ようす》も、たいへん冬《ふゆ》らしい。

2

〈もとの文《ぶん》〉

昼《ひる》になりて、ぬるくゆるびもていけば、火桶《ひおけ》の火《ひ》も白《しろ》き灰《はい》がちになりてわろし。

〈意味《いみ》の文《ぶん》〉

昼《ひる》になって、寒《さむ》さがやわらいでくると、火桶《ひおけ》の中《なか》の火《ひ》も白《しろ》い灰《はい》が多《おお》くなってきて、よくない。

（令和二年度版　光村図書　国語五　銀河　「季節の言葉4　冬の朝」による）

1

(1) 冬《ふゆ》は、一日《いちにち》のうちのいつがよいといっていますか。〈意味《いみ》の文《ぶん》〉から二文字《にもじ》で書《か》きましょう。

早朝

(2) (1)のことが書《か》いてある、「枕草子《まくらのそうし》」の最初《さいしょ》の一文《いちぶん》を〈もとの文《ぶん》〉から書《か》き出《だ》しましょう。

「冬はつとめて。」

(3) ㋐いとつきづきし(たいへん冬《ふゆ》らしい)とは、どんな様子《ようす》のことをいっていますか。二《ふた》つに○をつけましょう。

(○) 早朝《そうちょう》に雪《ゆき》が降《ふ》っている様子《ようす》。

( ) 白《しろ》い霜《しも》の上《うえ》でたき火《び》をする様子《ようす》。

(○) 寒《さむ》いときに、火《ひ》をつけた炭《すみ》を持《も》ち運《はこ》ぶ様子《ようす》。

2

昼《ひる》になってからの様子《ようす》のことを、作者《さくしゃ》の清少納言《せいしょうなごん》はどう思《おも》っていますか。〈もとの文《ぶん》〉と〈意味《いみ》の文《ぶん》〉からそれぞれ書《か》き出《だ》しましょう。

〈もとの文《ぶん》〉 わろし

〈意味《いみ》の文《ぶん》〉 よくない

解答例

本書の解答は，あくまでもひとつの例です。児童に取り組ませる前に，必ず指導される方が問題を解いてください。指導される方の作られた解答をもとに，児童の多様な考えに寄り添って○つけをお願いします。

32頁

季節《きせつ》の言葉《ことば》４
冬《ふゆ》の朝《あさ》 (2)

名前

(1) 次《つぎ》の言葉《ことば》の意味《いみ》が完成《かんせい》するように、（　）にあてはまる言葉《ことば》を□から選《えら》んで書《か》きましょう。

① 木枯《こが》らし
冬《ふゆ》の初《はじ》めに木《こ》の葉《は》をふき散《ち》らす、冷《つめ》たい（ **風** ）のこと。

雪《ゆき》・風《かぜ》

② 風花《かざはな》
晴天《せいてん》の日《ひ》に、風《かぜ》に乗《の》って飛《と》んできて、花《はな》びらのようにちらちらとまい落《お》ちる（ **雪** ）のこと。

雨《あめ》・雪《ゆき》

(2) 次《つぎ》の俳句《はいく》を読《よ》んで、答《こた》えましょう。

凩《こがらし》や／海《うみ》に夕日《ゆうひ》を／吹《ふ》き落《お》とす
夏目《なつめ》　漱石《そうせき》

（令和二年度版　光村図書　国語五　銀河「季節の言葉４　冬の朝」による）

① 五《ご》・七《しち》・五《ご》のリズムで読《よ》めるように、上《うえ》の俳句《はいく》を／線《せん》で区切《くぎ》りましょう。

② 作者《さくしゃ》は、どんな情景《じょうけい》をよんでいますか。（　）にあてはまる言葉《ことば》を□から選《えら》んで書《か》きましょう。

「こがらし」が、まるで冬《ふゆ》の海《うみ》に（ **夕日** ）を吹《ふ》き落《お》としてしまいそうないきおいで、（ **はげしく** ）ふいている様子《ようす》。

はげしく・夕日《ゆうひ》

33頁

生活《せいかつ》の中《なか》で詩《し》を楽《たの》しもう (1)
（するめ／路《みち》）

名前

● 次《つぎ》の詩《し》をそれぞれ二回音読《にかいおんどく》し、問題《もんだい》に答《こた》えましょう。

1

するめ
まど・みちお

とうとう
やじるしに　なって
きいている

うみは
あちらですかと…

2

路《みち》
八木《やぎ》　重吉《じゅうきち》

路《みち》をみれば
こころ　おどる

（令和二年度版　光村図書　国語五　銀河　まど・みちお／八木　重吉）

1

(1) 「やじるしに　なって」とは、何《なに》が、どうなったことを表《あらわ》していますか。

イカが、切《き》り開《ひら》かれて、ほされ、**するめ**になったこと。

(2) 「きいている」について答《こた》えましょう。

① 「きいている」とは、どんな意味《いみ》ですか。○をつけましょう。

（○）たずねている。
（　）海《うみ》の波《なみ》の音《おと》を聞《き》いている。

② どんなことを、「きいている」のですか。詩《し》の中《なか》から九文字《きゅうもじ》で書《か》き出《だ》しましょう。

うみは
あちらですか

2

「路《みち》」の詩《し》には、作者《さくしゃ》のどのような気持《きも》ちが表《あらわ》れていますか。一《ひと》つに○をつけましょう。

（○）うれしくてわくわくと楽《たの》しい気持《きも》ち。
（　）あれこれ心配《しんぱい》して不安《ふあん》な気持《きも》ち。
（　）長《なが》い道《みち》のりをいやだと思《おも》う気持《きも》ち。

34頁

生活《せいかつ》の中《なか》で詩《し》を楽《たの》しもう (2)
（一《いっ》ぽんの木《き》は／土《つち》）

名前

● 次《つぎ》の詩《し》をそれぞれ二回音読《にかいおんどく》し、問題《もんだい》に答《こた》えましょう。

1

一《いっ》ぽんの木《き》は
岸田《きしだ》　衿子《えりこ》

一《いっ》ぽんの木《き》は
ねむっているわたし
幹《みき》は夜《よる》を吸《す》いこんで
梢《こずえ》は夢《ゆめ》のかたちにひらく

※梢《こずえ》…木《き》の幹《みき》や枝《えだ》の、先《さき》の部分《ぶぶん》。

2

土《つち》
三好《みよし》　達治《たつじ》

蟻《あり》が
蝶《ちょう》の羽《はね》をひいて行《い》く
ああ
ヨットのや（よ）うだ

（令和二年度版　光村図書　国語五　銀河　岸田　衿子／三好　達治）

1

(1) 「一《いっ》ぽんの木《き》」にたとえられているのは、何《なん》ですか。詩《し》の中《なか》から九文字《きゅうもじ》で書《か》き出《だ》しましょう。

ねむっている
わたし

(2) 「一《いっ》ぽんの木《き》」の梢《こずえ》は、何《なん》のかたちにひらきますか。詩《し》の中《なか》から書《か》き出《だ》しましょう。

夢（のかたち）

2

(1) 「土《つち》」の詩《し》に出《で》てくる虫《むし》の名前《なまえ》を、詩《し》の中《なか》から二《ふた》つ書《か》きましょう。
（習《なら》っていない漢字《かんじ》は、ひらがなで書《か》きましょう。）

あり　**ちょう**

(2) 「ヨットのやうだ」とは、どんな様子《ようす》をヨットにたとえたものですか。
（習《なら》っていない漢字《かんじ》は、ひらがなで書《か》きましょう。）

土《つち》の上《うえ》を **あり** にひかれて行《い》く **ちょうの羽** の様子《ようす》。

35頁

方言《ほうげん》と共通語《きょうつうご》

名前

● 次《つぎ》の文章《ぶんしょう》を二回《にかい》読《よ》んで、答《こた》えましょう。

わたしたちは、ふだん、家族《かぞく》や友達《ともだち》と話《はな》すとき、住《す》んでいる地方特有《ちほうとくゆう》の表現《ひょうげん》をふくんだ言葉《ことば》づかいをしています。これを、**方言《ほうげん》**といいます。方言《ほうげん》は、そこに住《す》む人々《ひとびと》の気持《きも》ちや感覚《かんかく》をぴったりと言《い》い表《あらわ》すことができます。

しかし、ちがう地方《ちほう》の人《ひと》どうしが、それぞれの方言《ほうげん》で会話《かいわ》したのでは、事《こと》がらや気持《きも》ちが正確《せいかく》に伝《つた》わらないこともあります。そのため、どの地方《ちほう》の人《ひと》でも分《わ》かる言葉《ことば》づかいも必要《ひつよう》です。これを、**共通語《きょうつうご》**といいます。

※地方特有《ちほうとくゆう》の…（その）地方《ちほう》だけが、特別《とくべつ》にもっている。

（令和二年度版　光村図書　国語五　銀河「方言と共通語」による）

(1) 「方言《ほうげん》」とは、どんな言葉《ことば》づかいのことですか。文中《ぶんちゅう》の言葉《ことば》で書《か》きましょう。

住んでいる地方特有の表現をふくんだ 言葉《ことば》づかい。

(2) 「共通語《きょうつうご》」とは、どんな言葉《ことば》づかいのことですか。文中《ぶんちゅう》の言葉《ことば》で書《か》きましょう。

どの地方の人でも分かる 言葉《ことば》づかい。

(3) 「方言《ほうげん》」は、どんなものをぴったりと言《い》い表《あらわ》すことができますか。

そこに住《す》む人々《ひとびと》の **気持ち** や **感覚** 。

(4) 次《つぎ》の①、②のとき、ふつう、㋐方言《ほうげん》、㋑共通語《きょうつうご》のどちらが使《つか》われていますか。記号《きごう》で答《こた》えましょう。

① アナウンサーがテレビでニュースを伝《つた》えるとき。　**㋑**

② ふだん、家族《かぞく》や友達《ともだち》と話《はな》すとき。　**㋐**

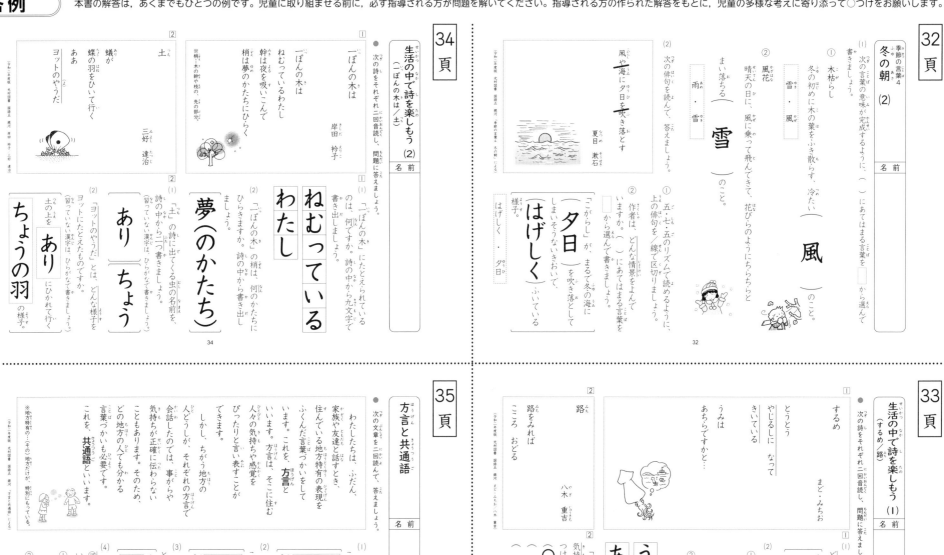

36 頁

ニュースを伝《つた》えるマスメディア (1)

名前

● 教科書《きょうかしょ》の「ニュースを伝《つた》えるマスメディア」を読《よ》んで、答《こた》えましょう。

次《つぎ》の説明《せつめい》にあてはまるメディアを□から選《えら》んで書《か》きましょう。

① 広《ひろ》いはんいに、音声《おんせい》だけで情報《じょうほう》を伝《つた》えることができる。また、災害《さいがい》にあった人《ひと》への情報源《じょうほうげん》として役立《やくだ》つ。

ラジオ

② 最《もっと》も速報性《そくほうせい》があり、時間《じかん》や文字数《もじすう》の制限《せいげん》もない。あらゆる立場《たちば》の人《ひと》が情報《じょうほう》を発信《はっしん》することができる。

インターネット

③ 情報《じょうほう》の伝《つた》わり方《かた》がおそい代《か》わりに、一《ひと》つのニュースをほり下《さ》げた記事《きじ》をじっくり読《よ》むことができる。

新聞

④ 映像《えいぞう》と音声《おんせい》で情報《じょうほう》を伝《つた》えることができる。放送体制《ほうそうたいせい》が整《ととの》っているため、ニュースの速報性《そくほうせい》にすぐれている。また、出来事《できごと》を分《わ》かりやすく、印象深《いんしょうぶか》く伝《つた》えることができる。

テレビ

・新聞《しんぶん》　・テレビ
・ラジオ　・インターネット

37 頁

ニュースを伝《つた》えるマスメディア (2)

名前

● 教科書《きょうかしょ》の「ニュースを伝《つた》えるマスメディア」の全文《ぜんぶん》を読《よ》んだ後《あと》、次《つぎ》の文章《ぶんしょう》を二回《にかい》読《よ》んで、答《こた》えましょう。

1

　ラジオは、電波《でんぱ》を使《つか》って広《ひろ》いはんいに情報《じょうほう》を伝《つた》えることができます。テレビが登場《とうじょう》する以前《いぜん》には、最《もっと》も速報性《そくほうせい》のあるメディアでした。

　受信機《じゅしんき》の構造《こうぞう》が簡単《かんたん》なため、小型化《こがたか》が容易《ようい》で、現在《げんざい》でも災害《さいがい》にあった人《ひと》への情報源《じょうほうげん》として重要《じゅうよう》な役《やく》わりを果《は》たしています。

※速報《そくほう》…速《はや》く知《し》らせること。
※容易《ようい》…たやすいこと。簡単《かんたん》。やさしい。
※情報源《じょうほうげん》…情報《じょうほう》の出《で》どころ。情報《じょうほう》をくれるところ。

2

　音声《おんせい》だけで伝《つた》わるので、仕事中《しごとちゅう》の人《ひと》や車《くるま》の運転《うんてん》をする人《ひと》、視覚障害者《しかくしょうがいしゃ》にとっては、㋐テレビよりも大事《だいじ》なメディアです。現代《げんだい》でも、ラジオの果《は》たす役《やく》わりは大《おお》きいといえるでしょう。

※視覚障害者《しかくしょうがいしゃ》…目《め》が見《み》えなかったり、見《み》えにくかったりする人《ひと》。

（令和二年度版　光村図書　国語五　銀河「ニュースを伝えるマスメディア」による）

1

(1) 何《なん》というメディアについて書《か》かれていますか。

ラジオ

(2) ラジオが最《もっと》も速報性《そくほうせい》があるメディアだったのは、いつのことですか。

テレビが登場する以前

(3) ラジオが現在《げんざい》でも重要《じゅうよう》な役《やく》わりを果《は》たしているのは、どんなものとしてですか。

災害にあった人への情報源《じょうほうげん》。

2

(1) ラジオが、㋐テレビより大事《だいじ》なメディアなのは、どんな人《ひと》にとってですか。三《みっ》つに○をつけましょう。

(○) 仕事中《しごとちゅう》の人《ひと》。
(○) 車《くるま》の運転《うんてん》をする人《ひと》。
(　) 耳《みみ》に障害《しょうがい》のある人《ひと》。
(○) 目《め》に障害《しょうがい》のある人《ひと》。

(2) それは、ラジオがどんなメディアだからですか。

音声だけで伝《つた》わるメディアだから。

38 頁

ニュースを伝《つた》えるマスメディア (3)

名前

● 次《つぎ》の文章《ぶんしょう》を二回《にかい》読《よ》んで、答《こた》えましょう。

1

　インターネットは、㋐速報性《そくほうせい》においてはテレビやラジオをしのぎます。その場《ば》に端末《たんまつ》と回線《かいせん》が備《そな》わっていれば、瞬時《しゅんじ》に世界中《せかいじゅう》に情報《じょうほう》を送《おく》ることができます。また、テレビや新聞《しんぶん》のように時間《じかん》や文字数《もじすう》の制限《せいげん》もありません。

※端末《たんまつ》…ここでは、インターネットに接続《せつぞく》するための、コンピュータなどの機器のこと。

2

　さらに、テレビ局《きょく》や新聞社《しんぶんしゃ》などの㋑マスメディアに属《ぞく》さない人《ひと》たちが、さまざまな立場《たちば》で情報《じょうほう》を発信《はっしん》することができます。しかし、あらゆる立場《たちば》の人《ひと》がアクセス可能《かのう》なだけに、その情報《じょうほう》が本当《ほんとう》なのかどうか、どういう立場《たちば》から発《はっ》せられたものなのか、㋒テレビや新聞以上《しんぶんいじょう》に情報《じょうほう》を判断《はんだん》する能力《のうりょく》（メディアリテラシー）が求《もと》められます。

※アクセス…インターネットに接続《せつぞく》すること。

（令和二年度版　光村図書　国語五　銀河「ニュースを伝えるマスメディア」による）

1

(1) 何《なん》というメディアについて書《か》かれていますか。

インターネット

(2) ㋐速報性《そくほうせい》においてはテレビやラジオをしのぎます。とは、どういう意味《いみ》ですか。○をつけましょう。

(　) テレビやラジオより情報《じょうほう》がおそい。
(○) テレビやラジオより情報《じょうほう》を速《はや》く送《おく》ることができる。

2

(1) ㋑マスメディアに属《ぞく》さない人《ひと》たちとは、どんな意味《いみ》ですか。○をつけましょう。

(　) テレビ局《きょく》や新聞社《しんぶんしゃ》などで情報《じょうほう》を発信《はっしん》する仕事《しごと》をしている人《ひと》たち。
(○) テレビ局《きょく》や新聞社《しんぶんしゃ》などの一員《いちいん》ではない人《ひと》たち。

(2) ㋒テレビや新聞以上《しんぶんいじょう》に…求《もと》められます。とありますが、どのようなことを考《かんが》えながら情報《じょうほう》を判断《はんだん》すればいいのですか。二《ふた》つ書《か》きましょう。

その情報《じょうほう》が**本当**なのかどうか。

その情報《じょうほう》が、どういう**立場**から発《はっ》せられたものなのか。

39 頁

複合語《ふくごうご》 (1)

名前

(1) 次《つぎ》の文《ぶん》の□にあてはまる言葉《ことば》を□から選《えら》んで、「飛《と》び――」という複合語《ふくごうご》を作《つく》りましょう。

① 階《かい》だんを元気《げんき》に飛《と》び**上がる**。

② 大《おお》きな物音《ものおと》で夜中《よなか》に飛《と》び**起きる**。

③ 小鳥《ことり》が青《あお》い空《そら》を飛《と》び**回る**。

上《あ》がる・回《まわ》る・起《お》きる

(2) 次《つぎ》の文《ぶん》の□にあてはまる言葉《ことば》を□から選《えら》んで、「――合《あ》う」という複合語《ふくごうご》を作《つく》りましょう。

① こまった時《とき》には、みんなで**助け**合《あ》う。

② 手《て》と手《て》をしっかり**つなぎ**合《あ》う。

③ よりよい学校生活《がっこうせいかつ》のために、議題《ぎだい》を決《き》めて**話し**合《あ》う。

話《はな》し・助《たす》け・つなぎ

解答例

本書の解答は，あくまでもひとつの例です。児童に取り組ませる前に，必ず指導される方が問題を解いてください。指導される方の作られた解答をもとに，児童の多様な考えに寄り添って○つけをお願いします。

40頁

複合語《ふくごうご》 (2)

名前

(1) 次《つぎ》の①～⑥は複合語《ふくごうご》の種類《しゅるい》です。①～⑥にあてはまる言葉《ことば》を□から選《えら》んで書《か》きましょう。

① 和語《わご》 ＋ 和語《わご》
〈例《れい》〉 魚市場《うおいちば》 話《はな》し合《あ》う
早起き

② 漢語《かんご》 ＋ 漢語《かんご》
〈例《れい》〉 消費税《しょうひぜい》 人工衛星《じんこうえいせい》
輸入品

③ 外来語《がいらいご》 ＋ 外来語《がいらいご》
〈例《れい》〉 オレンジジュース ビデオカメラ
ゲームセンター

④ 和語《わご》 と 漢語《かんご》 の組《く》み合《あ》わせ
〈例《れい》〉 待《ま》ち時間《じかん》 雪合戦《ゆきがっせん》
年賀はがき

⑤ 和語《わご》 と 外来語《がいらいご》 の組《く》み合《あ》わせ
〈例《れい》〉 粉《こな》ミルク スープ皿《ざら》
ボール投げ

⑥ 外来語《がいらいご》 と 漢語《かんご》 の組《く》み合《あ》わせ
〈例《れい》〉 ピアノ教室《きょうしつ》 最新《さいしん》データ
電子メール

・早起《はやお》き　・ボール投《な》げ　・電子《でんし》メール
・年賀《ねんが》はがき　・輸入品《ゆにゅうひん》　・ゲームセンター

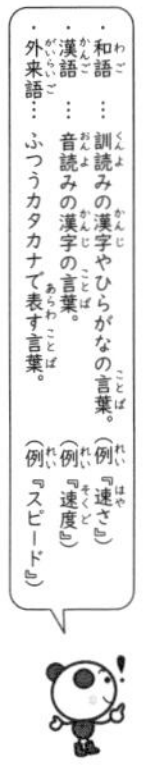

41頁

複合語《ふくごうご》 (3)

名前

(1) 次《つぎ》の複合語《ふくごうご》を、〈例《れい》〉にならって、もとの二《ふた》つの言葉《ことば》に分《わ》けましょう。

〈例《れい》〉 飛《と》び上《あ》がる → **飛ぶ** ＋ **上がる**
暑苦《あつくる》しい → **暑い** ＋ **苦しい**

① 魚市場《うおいちば》 → **魚** ＋ **市場**

② 細長《ほそなが》い → **細い** ＋ **長い**

③ 話《はな》し合《あ》う → **話す** ＋ **合う**

④ 待《ま》ち時間《じかん》 → **待つ** ＋ **時間**

⑤ ピアノ教室《きょうしつ》 → **ピアノ** ＋ **教室**

(2) 次《つぎ》の複合語《ふくごうご》を、もとの三《みっ》つの言葉《ことば》に分《わ》けましょう。

① 音楽発表会《おんがくはっぴょうかい》 → **音楽** ＋ **発表** ＋ **会**

② 交通安全週間《こうつうあんぜんしゅうかん》 → **交通** ＋ **安全** ＋ **週間**

42頁

複合語《ふくごうご》 (4)

名前

(1) 次《つぎ》の二《ふた》つの言葉《ことば》を使《つか》って、〈例《れい》〉にならって、複合語《ふくごうご》を作《つく》りましょう。

〈例《れい》〉 書《か》く ＋ 直《なお》す → **書き直す**
山《やま》 ＋ 登《のぼ》る → **山登り**

① 歩《あゆ》む ＋ 寄《よ》る → **歩み寄る**

② 魚《さかな》 ＋ つる → **魚つり**

③ 登場《とうじょう》 ＋ 人物《じんぶつ》 → **登場人物**

④ 休《やす》む ＋ 時間《じかん》 → **休み時間**

⑤ ボール ＋ 投《な》げる → **ボール投げ**

(2) 次《つぎ》の三《みっ》つの言葉《ことば》を使《つか》って、複合語《ふくごうご》を作《つく》りましょう。

① 読書《どくしょ》 ＋ 感想《かんそう》 ＋ 文《ぶん》 → **読書感想文**

② 図書《としょ》 ＋ 委員《いいん》 ＋ 長《ちょう》 → **図書委員長**

43頁

複合語《ふくごうご》 (5)

名前

(1) 次《つぎ》の複合語《ふくごうご》を、〈例《れい》〉にならって、もとの三《みっ》つの言葉《ことば》に分《わ》けましょう。

〈例《れい》〉 特別試写会《とくべつししゃかい》 → **特別＋試写＋会**

① 子《こ》ども防犯《ぼうはん》ブック → **子ども＋防犯＋ブック**

② 冬季《とうき》スポーツ大会《たいかい》 → **冬季＋スポーツ＋大会**

(2) 次《つぎ》の複合語《ふくごうご》の、もとの長《なが》い複合語《ふくごうご》を下《した》から選《えら》んで――線《せん》で結《むす》びましょう。

① パソコン — パーソナルコンピュータ

② スマホ — スマートフォン

③ デジカメ — デジタルカメラ

④ 図工《ずこう》 — 図画工作《ずがこうさく》

⑤ 国連《こくれん》 — 国際連合《こくさいれんごう》

（下の選択肢：スマートフォン／デジタルカメラ／パーソナルコンピュータ／国際連合《こくさいれんごう》／図画工作《ずがこうさく》）

44頁

複合語《ふくごうご》 (6)

名前

(1) 次《つぎ》の二《ふた》つの言葉《ことば》を結《むす》び付《つ》けて複合語《ふくごうご》を作《つく》り、ひらがなで書《か》きましょう。

① ふで（筆）＋はこ（箱） **ふでばこ**

② まえ（前）＋は（歯） **まえば**

③ ふね（船）＋たび（旅） **ふなたび**

④ むかし（昔）＋はなし（話） **むかしばなし**

⑤ しろ（白）＋なみ（波） **しらなみ**

⑥ あめ（雨）＋くも（雲） **あまぐも**

(2) 次《つぎ》の二《ふた》つの言葉《ことば》を結《むす》び付《つ》けて、様子《ようす》を表《あらわ》す複合語《ふくごうご》を作《つく》り、ひらがなで書《か》きましょう。

① 息《いき》＋苦《くる》しい **いきぐるしい**

② 力《ちから》＋強《つよ》い **ちからづよい**

③ 青《あお》い＋白《しろ》い **あおじろい**

④ あまい＋すっぱい **あまずっぱい**

45頁

伝《つた》わる表現《ひょうげん》を選《えら》ぼう

名前

● 次《つぎ》の㋐の文《ぶん》を、一年生《いちねんせい》に向《む》けて書《か》き直《なお》します。この文《ぶん》を読《よ》んで、問題《もんだい》に答《こた》えましょう。

㋐ 校外学習《こうがいがくしゅう》で、こん虫採集《ちゅうさいしゅう》に行《い》くにあたり、各自《かくじ》が適切《てきせつ》な容器《ようき》を持参《じさん》すること。

（令和二年度版　光村図書　国語五　銀河「伝わる表現を選ぼう」による）

(1) 〈例《れい》〉にならって、一年生《いちねんせい》にはむずかしそうな①～⑤の言葉《ことば》を、やさしい言葉《ことば》に直《なお》します。□から言葉《ことば》を選《えら》んで（　）に書《か》きましょう。

〈例《れい》〉校外学習《こうがいがくしゅう》→（学校《がっこう》の外《そと》での学習《がくしゅう》）

① こん虫採集《ちゅうさいしゅう》→（**虫とり**）

② 各自《かくじ》→（**一人一人**）

③ 適切《てきせつ》な→（**ちょうどよい**）

④ 容器《ようき》→（**いれもの**）

⑤ 持参《じさん》する→（**持ってくる**）

・虫《むし》とり　・いれもの　・持《も》ってくる
・一人一人《ひとりひとり》　・ちょうどよい

(2) 次《つぎ》の表現《ひょうげん》は、どのように書《か》きかえるとよいでしょう。あてはまる方《ほう》に○をつけましょう。

① 行《い》くにあたり
（**○**）行《い》くときには
（　）行《い》かないときは

② 持参《じさん》すること。
（　）持《も》ってこい。
（**○**）持《も》ってきてください。

(3) (1)、(2)をもとにして、㋐の一文《いちぶん》を書《か》き直《なお》しましょう。

（例）学校の外での学習で、虫とりに行くときには、一人一人がちょうどよいいれものを持ってきてください。

46頁

この本《ほん》、おすすめします (1)

名前

● 下級生《かきゅうせい》に本《ほん》をすいせんする文章《ぶんしょう》を書《か》くために、下書《したが》きをしました。次《つぎ》の、水野《みずの》さんが書《か》いた下書《したが》きの文章《ぶんしょう》を二回《にかい》読《よ》んで、問題《もんだい》に答《こた》えましょう。

> 生《い》き物《もの》の不思議《ふしぎ》がいっぱい
> 「にたものずかん　どっちがどっち!?」
> 今泉《いまいずみ》 忠明《ただあき》 監修《かんしゅう》
> 高岡《たかおか》 昌江《まさえ》 文《ぶん》　友永《ともなが》 たろ 絵《え》
>
> ㋐ この本《ほん》は，チーターとヒョウ，サイとカバなど，似《に》ている生《い》き物《もの》のちがいを説明《せつめい》しています。大《おお》きな絵《え》を使《つか》って説明《せつめい》しているので，とても分《わ》かりやすい本《ほん》です。生《い》き物《もの》について，くわしくなりたい４年生《ねんせい》におすすめです。
>
> ㋑ 身近《みぢか》な生《い》き物《もの》や，よく知《し》っているつもりの生《い》き物《もの》についての，意外《いがい》と知《し》らない知識《ちしき》がたくさん書《か》かれているので，読《よ》むと，友達《ともだち》に知《し》らせたくなります。
> たくさんの情報《じょうほう》がのっていますが，とても読《よ》みやすい本《ほん》です。そして，似《に》ている動物《どうぶつ》を右《みぎ》ページと左《ひだり》ページにならべて示《しめ》してあるので，比《くら》べながら読《よ》むことができ，とても分《わ》かりやすいです。
> ぜひ読《よ》んで，生《い》き物博士《ものはかせ》になってください。
>
> ５年《ねん》１組《くみ》　水野《みずの》 かおり

（令和二年度版　光村図書　国語五　銀河「この本、おすすめします」による）

(1) すいせんする本《ほん》の書名《しょめい》は何《なん》ですか。

「にたものずかん　どっちがどっち!?」

(2) ㋐の文章《ぶんしょう》を読《よ》んで答《こた》えましょう。

① この本《ほん》は、何《なん》のちがいを説明《せつめい》していると書《か》いていますか。

似ている生き物（のちがい）

② どんな人《ひと》に、この本《ほん》をおすすめしていますか。

生き物について、くわしくなりたい４年生

(3) ㋑の文章《ぶんしょう》で、この本《ほん》を読《よ》むと友達《ともだち》に知《し》らせたくなるのは、どうしてだと書《か》いていますか。○をつけましょう。

（**○**）意外《いがい》と知《し》らない知識《ちしき》がたくさん書《か》かれているから。
（　）とても分《わ》かりやすいから。

(4) 相手《あいて》が読《よ》みたくなるように「よびかけ」の言葉《ことば》が書《か》かれています。文中《ぶんちゅう》から一文《いちぶん》で書《か》き出《だ》しましょう。

ぜひ読んで、生き物博士になってください。

47頁

この本《ほん》、おすすめします (2)

名前

● 下級生《かきゅうせい》に本《ほん》をすいせんする文章《ぶんしょう》を、相手《あいて》が読《よ》みやすいように書《か》き方《かた》を工夫《くふう》して、清書《せいしょ》しました。次《つぎ》の、清書《せいしょ》の文章《ぶんしょう》の一部分《いちぶぶん》を二回《にかい》読《よ》んで、問題《もんだい》に答《こた》えましょう。

> あっというまに
> 生《い》き物《もの》はかせ
>
> 生《い》き物《もの》に
> くわしくなりたい
> ４年生《ねんせい》におすすめ
>
> 「にたものずかん　どっちがどっち!?」
> 今泉《いまいずみ》 忠明《ただあき》 監修《かんしゅう》　高岡《たかおか》 昌江《まさえ》 文《ぶん》　友永《ともなが》 たろ 絵《え》
>
> この本《ほん》は，チーターとヒョウなど，似《に》ている生《い》き物《もの》のちがいを，絵《え》を使《つか》って分《わ》かりやすく説明《せつめい》した本《ほん》です。おすすめしたい理由《りゆう》は，二《ふた》つあります。
>
> おすすめポイント①
>
> 身近《みぢか》な生《い》き物《もの》や，よく知《し》っているつもりの生《い》き物《もの》についての，意外《いがい》と知《し》らないひみつを知《し》ることができます。読《よ》むと，必《かなら》ず友達《ともだち》に知《し》らせたくなります。
>
> おすすめポイント②
>
> たくさんの情報《じょうほう》が，読《よ》みやすく，分《わ》かりやすい形《かたち》でのっています。この図鑑《ずかん》は，絵《え》が大《おお》きくて読《よ》みやすいです。また，似《に》ている動物《どうぶつ》の絵《え》や情報《じょうほう》を右《みぎ》のページと左《ひだり》のページにならべてのせているので，比《くら》べて読《よ》むことができ，とても分《わ》かりやすいです。

（令和二年度版　光村図書　国語五　銀河「この本、おすすめします」による）

(1) この文章全体《ぶんしょうぜんたい》の見出《みだ》しは、何《なん》ですか。

あっというまに生き物はかせ

(2) 書《か》き方《かた》の工夫《くふう》として、目立《めだ》つように線《せん》でかこまれているのは、どんなことですか。二《ふた》つに○をつけましょう。

（　）見出《みだ》し。
（**○**）どんな人《ひと》におすすめの本《ほん》か。
（**○**）書名《しょめい》や筆者名《ひっしゃめい》など、本《ほん》の情報《じょうほう》。
（　）本《ほん》の内容《ないよう》のしょうかい。

(3) この本《ほん》をおすすめする理由《りゆう》は、いくつ書《か》かれていますか。

二つ。

(4) この本《ほん》をおすすめしたい理由《りゆう》が書《か》かれている部分《ぶぶん》の工夫《くふう》として、合《あ》うものに○、合《あ》わないものには×をつけましょう。

（**○**）「おすすめポイント」という言葉《ことば》を目立《めだ》たせている。
（**×**）「おすすめポイント」ごとに長《なが》い一文《いちぶん》にまとめて書《か》いている。
（**○**）すいせんする理由《りゆう》を二《ふた》つに分《わ》けて書《か》いてある。

解答例

本書の解答は，あくまでもひとつの例です。児童に取り組ませる前に，必ず指導される方が問題を解いてください。指導される方の作られた解答をもとに，児童の多様な考えに寄り添って○つけをお願いします。

48頁

提案《ていあん》しよう、言葉《ことば》とわたしたち (1)

名前

教科書《きょうかしょ》の「提案《ていあん》しよう、言葉《ことば》とわたしたち」を読《よ》んで、答《こた》えましょう。

(1) 提案《ていあん》したいことが決《き》まったら、現状《げんじょう》（今《いま》のようす）について調《しら》べたり、根拠《こんきょ》（考《かんが》えのもとになる理由《りゆう》）となる情報《じょうほう》を集《あつ》めたりします。次《つぎ》の①、②の場合《ばあい》、どのような方法《ほうほう》で調《しら》べるとよいでしょう。□から二《ふた》つずつ選《えら》んで、記号《きごう》で答《こた》えましょう。

① 身《み》の回《まわ》りのことを調《しら》べる場合《ばあい》
（ア）（エ）

② 一般的《いっぱんてき》な事実《じじつ》や、全国《ぜんこく》の実態《じったい》を調《しら》べる場合《ばあい》
（イ）（ウ）

㋐ インタビューをする。
㋑ インターネットを使《つか》う。
㋒ 本《ほん》や新聞《しんぶん》を読《よ》む。
㋓ アンケートを取《と》る。

(2) 提案《ていあん》するスピーチの構成《こうせい》を考《かんが》えます。話《はな》す順序《じゅんじょ》とその内容《ないよう》についてあてはまるものを——線《せん》で結《むす》びましょう。

① 初《はじ》め —— 話題《わだい》と提案内容《ていあんないよう》を伝《つた》える。
② 中《なか》 —— 調《しら》べて分《わ》かったことや、自分《じぶん》の体験《たいけん》を通《とお》して感《かん》じたことを伝《つた》える。
③ 終《お》わり —— 提案内容《ていあんないよう》をもう一度《いちど》くり返《かえ》して、スピーチをまとめる。

48

49頁

提案《ていあん》しよう、言葉《ことば》とわたしたち (2)

名前

教科書《きょうかしょ》の「提案《ていあん》しよう、言葉《ことば》とわたしたち」を読《よ》んで、答《こた》えましょう。

● 次《つぎ》の文章《ぶんしょう》は、言葉《ことば》の使《つか》い方《かた》に関《かん》する提案《ていあん》スピーチの最初《さいしょ》の部分《ぶぶん》です。文章《ぶんしょう》を読《よ》んで、問題《もんだい》に答《こた》えましょう。

1

　みなさんは、ふだん、感謝《かんしゃ》の気持《きも》ちを言葉《ことば》にして伝《つた》えていますか。ぼく自身《じしん》、毎日《まいにち》のことほど、感謝《かんしゃ》の気持《きも》ちを伝《つた》えずに過《す》ごしてしまうことが多《おお》くあります。ですが、常《つね》に感謝《かんしゃ》の気持《きも》ちをもち、㋐その気持《きも》ちを言葉《ことば》で伝《つた》えることは、とても大切《たいせつ》です。

2

　そこで、ぼくは、「いつでも、心《こころ》をこめて、ありがとう」を提案《ていあん》します。これは、感謝《かんしゃ》の気持《きも》ちを伝《つた》えるための最《もっと》も簡単《かんたん》な方法《ほうほう》として、何《なに》かをしてもらったときには、いつも「ありがとう」と言《い》うようにしようというものです。

（令和二年度版　光村図書　国語五　銀河　「提案しよう、言葉とわたしたち」による）

1

(1) 最初《さいしょ》の一文《いちぶん》は、どのような言葉《ことば》で聞《き》き手《て》の興味《きょうみ》を引《ひ》きつけていますか。○をつけましょう。

（　）おどろきの事実《じじつ》を伝《つた》える言葉《ことば》。
（○）聞《き》き手《て》に問《と》いかける言葉《ことば》。

(2) ㋐とても大切《たいせつ》なのは、どんなことだといっていますか。

常に感謝の気持ちをもち、その気持ちを言葉で伝えること

2

(1) 「ぼく（話《はな》し手《て》）」の提案《ていあん》のタイトルは、何《なん》ですか。

いつでも、心をこめて、ありがとう

(2) 「ありがとう」と言《い》うことは、何《なに》をするための最《もっと》も簡単《かんたん》な方法《ほうほう》だといっていますか。

感謝の気持ちを伝えるため

49

50頁

提案《ていあん》しよう、言葉《ことば》とわたしたち (3)

名前

教科書《きょうかしょ》の「提案《ていあん》しよう、言葉《ことば》とわたしたち」を読《よ》んで、答《こた》えましょう。

● 次《つぎ》の文章《ぶんしょう》は、言葉《ことば》の使《つか》い方《かた》に関《かん》する提案《ていあん》スピーチのつづきの一部分《いちぶぶん》です。文章《ぶんしょう》を読《よ》んで、問題《もんだい》に答《こた》えましょう。

1

　まず、ぼくは、みなさんが、どんなとき、どんな人《ひと》に感謝《かんしゃ》の気持《きも》ちを言葉《ことば》で伝《つた》えているかについて、アンケートを取《と》りました。

…

この結果《けっか》から、身近《みぢか》な人《ひと》にほど、感謝《かんしゃ》の気持《きも》ちを伝《つた》えていない人《ひと》が多《おお》いことが分《わ》かりました。

2

　でも、みなさん、だれかに感謝《かんしゃ》されたときのことを思《おも》い出《だ》してみてください。うれしいと感《かん》じたり、また手伝《てつだ》ってあげようという気持《きも》ちになったりしますよね。インターネットを使《つか》って調《しら》べてみると、働《はたら》く人《ひと》に、仕事《しごと》で言《い》われてうれしい言葉《ことば》をきいた調査《ちょうさ》がありました。※この表《ひょう》が、㋐その結果《けっか》です。男女《だんじょ》ともに、一位《いちい》は「ありがとう」という感謝《かんしゃ》の言葉《ことば》でした。やはり、多《おお》くの人《ひと》が、感謝《かんしゃ》の言葉《ことば》によってはげまされているのだなと思《おも》いました。

※「この表《ひょう》」の表は省略《しょうりゃく》しています。

（令和二年度版　光村図書　国語五　銀河　「提案しよう、言葉とわたしたち」による）

1 「ぼく」は、まず、何《なに》について、アンケートを取《と》りましたか。

（みなさんが、）どんなとき、どんな人に感謝の気持ちを言葉で伝えているか（について）

2

(1) 今度《こんど》は、何《なに》を使《つか》って調《しら》べましたか。

インターネット

(2) その結果《けっか》とは、何《なん》の調査《ちょうさ》の結果《けっか》ですか。

働《はたら》く人《ひと》に、仕事で言われてうれしい言葉をきいた調査《ちょうさ》。

(3) ㋐その結果《けっか》から、「ぼく」（話《はな》し手《て》）は、どのようなことを思《おも》いましたか。文中《ぶんちゅう》から書《か》き出《だ》しましょう。

やはり、多くの人が、感謝の言葉によってはげまされているのだな

50

51頁

日本語《にほんご》の表記《ひょうき》 (1)

名前

教科書《きょうかしょ》の「日本語《にほんご》の表記《ひょうき》」を読《よ》んで、答《こた》えましょう。

(1) 次《つぎ》の文《ぶん》は、日本語《にほんご》の表記《ひょうき》について説明《せつめい》したものです。（　）に合《あ》う言葉《ことば》を□から選《えら》んで書《か》きましょう。

① 日本語《にほんご》の文章《ぶんしょう》を書《か》き表《あらわ》すときは、ふつう、（漢字）と仮名《かな》（ひらがな・かたかな）を使《つか》います。

② 漢字《かんじ》は、一字一字《いちじいちじ》が意味《いみ》を表《あらわ》す、（表意文字）です。これに対《たい》して、仮名《かな》（ひらがな・かたかな）は、意味《いみ》を表《あらわ》さず、音《おん》だけを表《あらわ》す、（表音文字）です。

③ 現在《げんざい》の日本語《にほんご》では、ローマ字《じ》も使《つか》われており、ローマ字表記《じひょうき》には、（アルファベット）を使《つか》います。

表音文字《ひょうおんもじ》・アルファベット
表意文字《ひょういもじ》・漢字《かんじ》

(2) 次《つぎ》の文字《もじ》の中《なか》から、読《よ》み方《かた》が一《ひと》つだけの文字《もじ》を二《ふた》つ選《えら》んで○をつけましょう。

（　）漢字《かんじ》
（○）仮名《かな》
（○）ローマ字《じ》

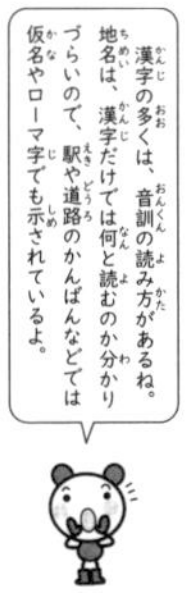

51

52頁

日本語《にほんご》の表記《ひょうき》 (2)

名前

日本語《にほんご》には、同《おな》じ音《おん》の言葉《ことば》が多《おお》くあります。そのため、漢字《かんじ》で書《か》かないと意味《いみ》が正確《せいかく》に伝《つた》わらないことがあります。

〈例《れい》〉
牛《うし》のしりょうをさがした。

- 飼料　「家畜《かちく》のえさ」という意味《いみ》。
- 資料　「調《しら》べるときの参考材料《さんこうざいりょう》」という意味《いみ》。

● 次《つぎ》の㋐、㋑の意味《いみ》になるように、——線《せん》の言葉《ことば》を□から選《えら》んで漢字《かんじ》で書《か》きましょう。

① 一年《いちねん》ぶりにさいかいする。

㋐「また始《はじ》める」という意味《いみ》。　**再開**

㋑「また会《あ》う」という意味《いみ》。　**再会**

再会・再開

② 今《いま》から、かていの話《はなし》をしよう。

㋐「かりにそうだと決《き》める」という意味《いみ》。　**仮定**

㋑「かぞくが生活《せいかつ》するところ」という意味《いみ》。　**家庭**

仮定・家庭

53頁

大造《だいぞう》じいさんとガン (1)

名前

● 教科書《きょうかしょ》の「大造《だいぞう》じいさんとガン」の全文《ぜんぶん》を読《よ》んだ後《あと》、次《つぎ》の文章《ぶんしょう》を二回《にかい》読《よ》んで、答《こた》えましょう。

1

今年《ことし》もまた、ぼつぼつ、例《れい》のぬま地《ち》にガンの来《く》る季節《きせつ》になりました。

大造《だいぞう》じいさんは、生《い》きたドジョウを入《い》れたどんぶりを持《も》って、鳥小屋《とりごや》の方《ほう》に行《い》きました。じいさんが小屋《こや》に入《はい》ると、一羽《いちわ》のガンが、羽《はね》をばたつかせながら、じいさんに飛《と》び付《つ》いてきました。

※例《れい》の…いつもと同《おな》じ。いつもの。

2

㋐このガンは、二年前《にねんまえ》、じいさんがつりばりの計略《けいりゃく》で生《い》けどったものだったのです。今《いま》では、㋑すっかりじいさんになついていました。

ときどき、鳥小屋《とりごや》から運動《うんどう》のために外《そと》に出《だ》してやるが、ヒュー、ヒュー、ヒューと口笛《くちぶえ》をふけば、どこにいてもじいさんのところに帰《かえ》ってきて、そのかた先《さき》に止《と》まるほどになれていました。

※計略《けいりゃく》…(ガンを手《て》にいれる)うまい計画《けいかく》。はかりごと。
※生《い》けどったもの…生《い》きたまままつかまえたもの。

(令和二年度版　光村図書　国語五　銀河　椋《むく》　鳩十《はとじゅう》)

1

(1) 今年《ことし》もまた、どんな季節《きせつ》になりましたか。

ぼつぼつ、例《れい》の **ぬま地** に **ガンの来る** 季節《きせつ》。

(2) 鳥小屋《とりごや》に入《はい》った大造《だいぞう》じいさんに飛《と》び付《つ》いてきたものは、何《なん》でしたか。

一羽のガン

2

(1) ㋐このガンとは、二年前《にねんまえ》に、じいさんがどのようにして手《て》に入《い》れたものですか。文中《ぶんちゅう》の言葉《ことば》で書《か》き出《だ》しましょう。

つりばりの計略で生けどった(もの)

(2) ガンが、㋑すっかりじいさんになついている様子《ようす》に合《あ》うものを二《ふた》つ選《えら》んで○をつけましょう。

(　) ときどき、じいさんと運動《うんどう》している。
(○) 鳥小屋《とりごや》の外《そと》にいても、じいさんの口笛《くちぶえ》の合図《あいず》で帰《かえ》ってくる。
(　) 鳥小屋《とりごや》の屋根《やね》の先《さき》に止《と》まる。
(○) じいさんのかた先《さき》に止《と》まる。

54頁

大造《だいぞう》じいさんとガン (2)

名前

● 次《つぎ》の文章《ぶんしょう》を二回《にかい》読《よ》んで、答《こた》えましょう。

1

大造《だいぞう》じいさんは、ガンがどんぶりからえ(えさ)を食《た》べているのを、じっと見《み》つめながら、

「今年《ことし》はひとつ、これを使《つか》ってみるかな。」

と、㋐独《ひと》り言《ごと》を言《い》いました。

※独《ひと》り言《ごと》…相手《あいて》がいないのに、自分《じぶん》だけでものを言《い》うこと。

2

じいさんは、長年《ながねん》の経験《けいけん》で、ガンは、いちばん最初《さいしょ》に飛《と》び立《た》ったものの後《あと》について飛《と》ぶ、ということを知《し》っていたので、このガンを手《て》に入《い》れたときから、ひとつ、㋑これをおとりに使《つか》って、残雪《ざんせつ》の仲間《なかま》をとらえてやろうと、考《かんが》えていたのでした。

※おとり…残雪《ざんせつ》(ガン)をさそいよせるために使《つか》うもの。

(令和二年度版　光村図書　国語五　銀河　椋《むく》　鳩十《はとじゅう》)

1

(1) 大造《だいぞう》じいさんは、ガンが何《なに》をしている様子《ようす》をじっと見《み》つめましたか。

(どんぶりから)えさを食べている 様子《ようす》。

(2) ㋐独《ひと》り言《ごと》とは、だれが言《い》った言葉《ことば》ですか。

大造じいさん

2

(1) じいさんが長年《ながねん》の経験《けいけん》で知《し》っていたのは、どんなことですか。文中《ぶんちゅう》の言葉《ことば》で書《か》き出《だ》しましょう。

ガンは、いちばん最初に飛び立ったものの後について飛ぶ ということ。

(2) ㋑これとは、何《なに》を指《さ》しますか。一《ひと》つに○をつけましょう。

(　) どんぶりの中《なか》のえさ。
(○) えさを食《た》べている一羽《いちわ》のガン。
(　) 残雪《ざんせつ》。

55頁

大造《だいぞう》じいさんとガン (3)

名前

● 次《つぎ》の文章《ぶんしょう》を二回《にかい》読《よ》んで、答《こた》えましょう。

1

さて、いよいよ残雪《ざんせつ》の一群《いちぐん》が今年《ことし》もやって来《き》たと聞《き》いて、大造《だいぞう》じいさんは、ぬま地《ち》へ出《で》かけていきました。

2

ガンたちは、昨年《さくねん》じいさんが小屋《こや》がけした所《ところ》から、たまのとどくきょりの三倍《さんばい》もはなれている地点《ちてん》を、えさ場《ば》にしているようでした。そこは、夏《なつ》の出水《しゅっすい》で大《おお》きな水《みず》たまりができて、ガンのえ(えさ)が十分《じゅうぶん》にあるらしかったのです。

㋐「うまくいくぞ。」

大造《だいぞう》じいさんは、青《あお》くすんだ空《そら》を見上《みあ》げながら、にっこりとしました。

※小屋《こや》がけ…小屋《こや》を建《た》てること。
※出水《しゅっすい》…雨《あめ》がふるなどして、水量《すいりょう》が増《ま》すこと。

(令和二年度版　光村図書　国語五　銀河　椋《むく》　鳩十《はとじゅう》)

1

大造《だいぞう》じいさんは、どんな話《はなし》を聞《き》いて、ぬま地《ち》へ出《で》かけていきましたか。文中《ぶんちゅう》の言葉《ことば》で書《か》き出《だ》しましょう。

(いよいよ)残雪の一群が今年もやって来た という話《はなし》。

2

(1) ガンたちが、今年《ことし》えさ場《ば》にした地点《ちてん》は、どんなところでしたか。

昨年《さくねん》じいさんが小屋《こや》がけした所《ところ》から、**たまのとどく** きょりの **三倍** もはなれているところで、夏《なつ》の出水《しゅっすい》で大《おお》きな水《みず》たまりができて、ガンの **えさ(え)** が十分《じゅうぶん》にあるところ。

(2) ㋐「うまくいくぞ。」と言《い》ったときの、大造《だいぞう》じいさんの様子《ようす》や気持《きも》ちが分《わ》かる一文《いちぶん》を文中《ぶんちゅう》から書《か》き出《だ》しましょう。

大造じいさんは、青くすんだ空を見上げながら、にっこりとしました。

本書の解答は，あくまでもひとつの例です。児童に取り組ませる前に，必ず指導される方が問題を解いてください。指導される方の作られた解答をもとに，児童の多様な考えに寄り添って○つけをお願いします。

56頁

大造《だいぞう》じいさんとガン (4)

名前

● 次《つぎ》の文章《ぶんしょう》を二回《にかい》読《よ》んで、答《こた》えましょう。

1

〔残雪《ざんせつ》の一群《いちぐん》が今年《ことし》もやって来《き》たと聞《き》いて、大造《だいぞう》じいさんは、ぬま地《ち》へ出《で》かけていきました。〕

その夜《よる》のうちに、飼《か》いならしたガンを例《れい》のえさ場《ば》に放《はな》ち、昨年《さくねん》建《た》てた小屋《こや》の中《なか》にもぐりこんで、ガンの群《む》れを待《ま》つことにしました。

㋐「さあ、いよいよ戦闘開始《せんとうかいし》だ。」

東《ひがし》の空《そら》が真《ま》っ赤《か》に燃《も》えて、朝《あさ》が来《き》ました。

2

残雪《ざんせつ》は、いつものように群《む》れの先頭《せんとう》に立《た》って、美《うつく》しい朝《あさ》の空《そら》を、真一文字《まいちもんじ》に横切《よこぎ》ってやって来《き》ました。

（令和二年度版　光村図書　国語五　銀河　椋《むく》　鳩十《はとじゅう》）

1

㋐「さあ、いよいよ戦闘開始《せんとうかいし》だ。」について答《こた》えましょう。

① 大造《だいぞう》じいさんは、「戦闘開始《せんとうかいし》」に向《む》けて、何《なに》をしましたか。二《ふた》つに○をつけましょう。

（　）飼《か》いならしたガンにえさをあげた。

（○）飼《か》いならしたガンをえさ場《ば》に放《はな》った。

（○）小屋《こや》の中《なか》にもぐりこみ、ガンの群《む》れを待《ま》った。

② 「さあ、いよいよ戦闘開始《せんとうかいし》だ。」と言《い》ったときの情景《じょうけい》がえがかれた一文《いちぶん》を、文中《ぶんちゅう》から書《か》き出《だ》しましょう。

〔東の空が真っ赤に燃えて、朝が来ました。〕

2

(1) ガンの群《む》れの先頭《せんとう》に立《た》って、やって来《き》たのは、だれですか。

〔残雪〕

(2) 残雪《ざんせつ》たちガンの群《む》れは、どのようにしてやって来《き》ましたか。

〔美《うつく》しい［朝の空］を、真一文字《まいちもんじ》に［横切って］やって来《き》た。〕

57頁

大造《だいぞう》じいさんとガン (5)

名前

● 次《つぎ》の文章《ぶんしょう》を二回《にかい》読《よ》んで、答《こた》えましょう。

1

〔残雪《ざんせつ》は、ガンの群《む》れの先頭《せんとう》に立《た》って、えさ場《ば》にやって来《き》ました。〕

やがて、えさ場《ば》に下《お》りると、グワア、グワアというやかましい声《こえ》で鳴《な》き始《はじ》めました。

大造《だいぞう》じいさんのむねは、わくわくしてきました。しばらく目《め》をつぶって、心《こころ》の落《お》ち着《つ》くのを待《ま》ちました。

そして、冷《ひ》え冷《び》えするじゅうしんをぎゅっとにぎりしめました。

※じゅうしん…てっぽうの、たまの通《とお》るつつの部分《ぶぶん》。

2

じいさんは目《め》を開《ひら》きました。

㋐「さあ、今日《きょう》こそ、あの残雪《ざんせつ》めにひとあわふかせてやるぞ。」

くちびるを二《に》、三回《さんかい》静《しず》かにぬらしました。そして、あのおとりを飛《と》び立《た》たせるために口笛《くちぶえ》をふこうと、くちびるをとんがらせました。

（令和二年度版　光村図書　国語五　銀河　椋《むく》　鳩十《はとじゅう》）

1

(1) ガンの群《む》れは、どこに下《お》りて来《き》ましたか。

〔えさ場〕

(2) ガンがやかましい声《こえ》で鳴《な》き始《はじ》めたのを聞《き》いた大造《だいぞう》じいさんは、どんな様子《ようす》になりましたか。

〔むねが［わくわく］してきた。〕

(3) 大造《だいぞう》じいさんは、しばらく目《め》をつぶって、どんなことを待《ま》ちましたか。

〔心《こころ》が［落ち着く］こと。〕

2

(1) ㋐ひとあわふかせてやるとは、どんな意味《いみ》ですか。○をつけましょう。

（○）びっくりさせてやる。

（　）楽《たの》しませてやる。

(2) じいさんが口笛《くちぶえ》をふこうとしたのは、何《なん》のためでしたか。

〔［おとり］を［飛び立たせる］ため。〕

58頁

大造《だいぞう》じいさんとガン (6)

名前

● 次《つぎ》の文章《ぶんしょう》を二回《にかい》読《よ》んで、答《こた》えましょう。

1

〔大造《だいぞう》じいさんは、おとりのガンを飛《と》び立《た》たせるために口笛《くちぶえ》をふこうとしました。〕

と、そのとき、㋐ものすごい羽音《はおと》とともに、ガンの群《む》れが一度《いちど》にバタバタと飛《と》び立《た》ちました。

「どうしたことだ。」

じいさんは、小屋《こや》の外《そと》にはい出《だ》してみました。

2

ガンの群《む》れを目《め》がけて、白《しろ》い雲《くも》の辺《あた》りから、㋑何《なに》か一直線《いっちょくせん》に落《お》ちてきました。

「ハヤブサだ。」

ガンの群《む》れは、残雪《ざんせつ》に導《みちび》かれて、実《じつ》にすばやい動作《どうさ》で、㋒ハヤブサの目《め》をくらましながら飛《と》び去《さ》っていきます。

※導《みちび》く…案内《あんない》する。教《おし》える。

（令和二年度版　光村図書　国語五　銀河　椋《むく》　鳩十《はとじゅう》）

1

(1) ㋐ものすごい羽音《はおと》とは、何《なん》の音《おと》ですか。一《ひと》つに○をつけましょう。

（　）残雪《ざんせつ》が大《おお》きくはばたく音《おと》。

（　）ガンの群《む》れがばらばらに飛《と》び立《た》つ音《おと》。

（○）ガンの群《む》れが一度《いちど》に飛《と》び立《た》つ音《おと》。

(2) じいさんは、どこにはい出《だ》してみましたか。

〔小屋の外〕

2

(1) ㋑何《なに》かについて答《こた》えましょう。

① 「何《なに》か」は、何《なに》を目《め》がけて落《お》ちてきましたか。

〔ガンの群れ〕

② 白《しろ》い雲《くも》の辺《あた》りから、一直線《いっちょくせん》に落《お》ちてきた「何《なに》か」とは、何《なん》でしたか。

〔ハヤブサ〕

(2) ㋒ハヤブサの目《め》をくらましながら飛《と》び去《さ》っていきます。とは、どんな意味《いみ》ですか。○をつけましょう。

（○）ハヤブサをごまかしながら飛《と》んでにげていきます。

（　）ハヤブサの目《め》をこうげきしながらその周《まわ》りを飛《と》び回《まわ》っています。

59頁

大造《だいぞう》じいさんとガン (7)

名前

● 次《つぎ》の文章《ぶんしょう》を二回《にかい》読《よ》んで、答《こた》えましょう。

1

〔とつぜんハヤブサが現《あらわ》れましたが、ガンの群《む》れは、残雪《ざんせつ》に導《みちび》かれて、すばやく飛《と》び去《さ》っていきます。〕

「あっ。」

一羽《いちわ》、飛《と》びおくれたのがいます。

大造《だいぞう》じいさんのおとりのガンです。長《なが》い間《あいだ》飼《か》いならされていたので、野鳥《やちょう》としての本能《ほんのう》がにぶっていたのでした。

ハヤブサは、その一羽《いちわ》を見《み》のがしませんでした。

2

じいさんは、ピュ、ピュ、ピュと口笛《くちぶえ》をふきました。

こんな命《いのち》がけの場合《ばあい》でも、㋐飼《か》い主《ぬし》のよび声《ごえ》を聞《き》き分《わ》けたとみえて、ガンは、㋑こっちに方向《ほうこう》を変《か》えました。

ハヤブサは、その道《みち》をさえぎって、パーンと一《ひと》けりけりました。

ぱっと、白《しろ》い羽毛《うもう》があかつきの空《そら》に光《ひか》って散《ち》りました。ガンの体《からだ》はななめにかたむきました。

（令和二年度版　光村図書　国語五　銀河　椋《むく》　鳩十《はとじゅう》）

1

(1) 飛《と》びおくれた一羽《いちわ》のガンは、どういうガンでしたか。文中《ぶんちゅう》の言葉《ことば》で書《か》き出《だ》しましょう。

〔大造じいさんのおとりのガン〕

(2) おとりのガンが、野鳥《やちょう》としての本能《ほんのう》がにぶっていたのは、どうしてですか。

〔大造《だいぞう》じいさんに、長《なが》い間《あいだ》［飼いならされて］いたから。〕

2

(1) ㋐飼《か》い主《ぬし》のよび声《ごえ》とは、何《なん》のことですか。○をつけましょう。

（　）大造《だいぞう》じいさんが大声《おおごえ》でよぶ声《こえ》。

（○）大造《だいぞう》じいさんがふいた口笛《くちぶえ》の音《おと》。

(2) ㋑こっちとは、何《なに》を指《さ》していますか。

〔［（大造）じいさん］がいるところ。〕

(3) ハヤブサが一《ひと》けり　けったのは、何《なん》でしたか。一《ひと》つに○をつけましょう。

（　）大造《だいぞう》じいさん。

（○）大造《だいぞう》じいさんのおとりのガン。

（　）残雪《ざんせつ》といっしょにやって来《き》たガン。

60 頁

大造《だいぞう》じいさんとガン (8)

名前

● 次《つぎ》の文章《ぶんしょう》を二回《にかい》読《よ》んで、答《こた》えましょう。

1

［ハヤブサは、飛《と》びおくれた一羽《いちわ》のガンを、一《ひと》けり　けりました。］

もう一《ひと》けりと、ハヤブサがこうげきの姿勢《しせい》をとったとき、さっと、㋐大《おお》きなかげが空《そら》を横切《よこぎ》りました。

残雪《ざんせつ》です。

大造《だいぞう》じいさんは、ぐっとじゅうをかたに当《あ》て、残雪《ざんせつ》をねらいました。が、なんと思《おも》ったか、再《ふたた》びじゅうを下《お》ろしてしまいました。

2

残雪《ざんせつ》の目《め》には、人間《にんげん》もハヤブサもありませんでした。ただ、救《すく》わねばならぬ仲間《なかま》のすがたがあるだけでした。

いきなり、㋑てきにぶつかっていきました。そして、あの大《おお》きな羽《はね》で、力《ちから》いっぱい相手《あいて》をなぐりつけました。

（令和二年度版　光村図書　国語五　銀河　椋《むく》　鳩十《はとじゅう》）

1

(1) ㋐大《おお》きなかげが空《そら》を横切《よこぎ》ったのは、ハヤブサが何《なに》をしたときでしたか。

［こうげき の姿勢《しせい》をとったとき。］

(2) ㋐大《おお》きなかげとは、何《なん》のかげでしたか。○をつけましょう。

(○) 残雪《ざんせつ》　(　) 大造《だいぞう》じいさん

(3) 残雪《ざんせつ》を見《み》つけた大造《だいぞう》じいさんは、どうしましたか。○をつけましょう。

(　) 残雪《ざんせつ》をねらって、じゅうでうった。

(○) 残雪《ざんせつ》をじゅうでねらったが、うたずにじゅうを下《お》ろした。

2

(1) 残雪《ざんせつ》の目《め》にあったものは、何《なん》でしたか。文中《ぶんちゅう》の言葉《ことば》で書《か》き出《だ》しましょう。

［(ただ、)救わねばならぬ仲間のすがた］

(2) ㋑てきにぶつかっていったのは、だれですか。

［残雪］

(3) ㋑てきとは、だれ（何《なに》）ですか。

［ハヤブサ］

61 頁

大造《だいぞう》じいさんとガン (9)

名前

● 次《つぎ》の文章《ぶんしょう》を二回《にかい》読《よ》んで、答《こた》えましょう。

1

［残雪《ざんせつ》は、大《おお》きな羽《はね》で力《ちから》いっぱいハヤブサをなぐりつけました。］

不意《ふい》を打《う》たれて、さすがのハヤブサも、空中《くうちゅう》でふらふらとよろめきました。が、㋐ハヤブサもさるものです。さっと体勢《たいせい》を整《ととの》えると、残雪《ざんせつ》のむな元《もと》に飛《と》びこみました。

※不意《ふい》を打《う》たれる…思《おも》いかげないことをされる。ここでは、残雪《ざんせつ》にこうげきされたこと。

2

ぱっ

ぱっ

㋑羽《はね》が、白《しろ》い花弁《かべん》のように、すんだ空《そら》に飛《と》び散《ち》りました。

そのまま、ハヤブサと残雪《ざんせつ》は、もつれ合《あ》って、ぬま地《ち》に落《お》ちていきました。

※花弁《かべん》…花《はな》びら。

（令和二年度版　光村図書　国語五　銀河　椋《むく》　鳩十《はとじゅう》）

1

㋐ハヤブサもさるものです。について答《こた》えましょう。

① 「さるもの」とは、どんな意味《いみ》ですか。○をつけましょう。

(○) ゆだんできない、手《て》ごわいもの。

(　) さるのように、かしこいもの。

② 「ハヤブサもさるものです。」とは、ハヤブサのどんな行動《こうどう》を指《さ》していますか。文中《ぶんちゅう》から一文《いちぶん》を書《か》き出《だ》しましょう。

［さっと体勢を整えると、残雪のむな元に飛びこみました。］

2

(1) ㋑羽《はね》が、白《しろ》い花弁《かべん》のように、すんだ空《そら》に飛《と》び散《ち》りました。から、残雪《ざんせつ》とハヤブサのどんな様子《ようす》が分《わ》かりますか。○をつけましょう。

(　) 残雪《ざんせつ》とハヤブサがはなれて飛《と》び去《さ》っていく様子《ようす》。

(○) 残雪《ざんせつ》とハヤブサが空中《くうちゅう》ではげしく戦《たたか》っている様子《ようす》。

(2) ぬま地《ち》に落《お》ちていったのは、だれ（何《なに》）とだれ（何《なに》）ですか。

［ハヤブサ と 残雪］

62 頁

大造《だいぞう》じいさんとガン (10)

名前

● 次《つぎ》の文章《ぶんしょう》を二回《にかい》読《よ》んで、答《こた》えましょう。

1

［ハヤブサと残雪《ざんせつ》は、もつれ合《あ》って、ぬま地《ち》に落《お》ちていきました。］

大造《だいぞう》じいさんはかけつけました。

二羽《にわ》の鳥《とり》は、なおも地上《ちじょう》ではげしく戦《たたか》っていました。が、ハヤブサは、人間《にんげん》のすがたをみとめると、急《きゅう》に戦《たたか》いをやめて、よろめきながら飛《と》び去《さ》っていきました。

※みとめる…発見《はっけん》する。確《たし》かめる。

2

残雪《ざんせつ》は、㋐むねの辺《あた》りをくれないにそめて、ぐったりとしていました。しかし、㋑第二《だいに》のおそろしいてきが近《ちか》づいたのを感《かん》じると、残《のこ》りの力《ちから》をふりしぼって、ぐっと長《なが》い首《くび》を持《も》ち上《あ》げました。そして、じいさんを正面《しょうめん》からにらみつけました。

それは、鳥《とり》とはいえ、㋒いかにも頭領《とうりょう》らしい、堂々《どうどう》たる態度《たいど》のようでありました。

※くれない…あざやかな赤色《あかいろ》。

※頭領《とうりょう》…みんなをまとめ、治《おさ》めるもの。リーダー。

（令和二年度版　光村図書　国語五　銀河　椋《むく》　鳩十《はとじゅう》）

1 の文章《ぶんしょう》を読《よ》んで、答《こた》えましょう。

(1) ハヤブサが、急《きゅう》に戦《たたか》いをやめて飛《と》び去《さ》っていったのは、何《なに》を見《み》たからですか。

［人間のすがた（または、大造じいさん）］

2 の文章《ぶんしょう》を読《よ》んで、答《こた》えましょう。

(1) ㋐むねの辺《あた》りをくれないにそめてとは、残雪《ざんせつ》のどんな様子《ようす》を表《あらわ》していますか。○をつけましょう。

(○) 血《ち》が出《で》るようなけがをしている。

(　) おこってこうふんしている。

(2) ㋑第二《だいに》のおそろしいてきとは、だれのことですか。○をつけましょう。

(　) ハヤブサ　(○) 大造《だいぞう》じいさん

(3) ㋒いかにも頭領《とうりょう》らしい、堂々《どうどう》たる態度《たいど》とは、残雪《ざんせつ》のどのような行動《こうどう》から感《かん》じられたことですか。文中《ぶんちゅう》から二《ふた》つ書《か》き出《だ》しましょう。

［（残りの力をふりしぼって、）ぐっと長い首を持ち上げました。］

［じいさんを正面からにらみつけました。］

63 頁

大造《だいぞう》じいさんとガン (11)

名前

● 次《つぎ》の文章《ぶんしょう》を二回《にかい》読《よ》んで、答《こた》えましょう。

1

［残雪《ざんせつ》は、ぐったりとしていましたが、大造《だいぞう》じいさんが近《ちか》づいたのを感《かん》じとると、首《くび》を持《も》ち上《あ》げ、じいさんを正面《しょうめん》からにらみつけました。］

大造《だいぞう》じいさんが手《て》をのばしても、残雪《ざんせつ》は、もうじたばたさわぎませんでした。

それは、㋐最期《さいご》の時《とき》を感《かん》じて、せめて頭領《とうりょう》としてのいげんをきずつけまいと努力《どりょく》しているようでもありました。

※せめて…少《すく》なくとも。

※いげん…りっぱで、重々《おもおも》しいすがた。

※きずつけまいと…きずつけないようにしようと。

2

大造《だいぞう》じいさんは、強《つよ》く㋑心《こころ》を打《う》たれて、ただの鳥《とり》に対《たい》しているような気《き》がしませんでした。

（令和二年度版　光村図書　国語五　銀河　椋《むく》　鳩十《はとじゅう》）

1

(1) 大造《だいぞう》じいさんが残雪《ざんせつ》の方《ほう》に手《て》をのばしたとき、残雪《ざんせつ》はどんな様子《ようす》でしたか。

［もう じたばた さわがなかった。］

(2) ㋐最期《さいご》の時《とき》とは、どんな意味《いみ》ですか。○をつけましょう。

(　) 戦《たたか》いの終《お》わりが近《ちか》づいたとき。

(○) 命《いのち》の終《お》わるとき。

(3) ㋐最期《さいご》の時《とき》を感《かん》じた残雪《ざんせつ》は、どんなことを努力《どりょく》しているように見《み》えましたか。文中《ぶんちゅう》の言葉《ことば》で書《か》き出《だ》しましょう。

［せめて頭領としてのいげんをきずつけまい］

2

(1) ㋑心《こころ》を打《う》たれるとは、どんな意味《いみ》ですか。○をつけましょう。

(○) 感動《かんどう》する。　(　) 心配《しんぱい》する。

(2) ㋑心《こころ》を打《う》たれた大造《だいぞう》じいさんは、残雪《ざんせつ》のことをどう思《おも》いましたか。文中《ぶんちゅう》の言葉《ことば》で書《か》きましょう。

［ただの鳥 という気《き》がしなかった。］

解答例

本書の解答は，あくまでもひとつの例です。児童に取り組ませる前に，必ず指導される方が問題を解いてください。指導される方の作られた解答をもとに，児童の多様な考えに寄り添って○つけをお願いします。

64頁

大造《だいぞう》じいさんとガン (12)

名前

● 次《つぎ》の文章《ぶんしょう》を二回読《にかいよ》んで、答《こた》えましょう。

1

残雪《ざんせつ》は、大造《だいぞう》じいさんのおりの中《なか》で、一冬《ひとふゆ》をこしました。春《はる》になると、そのむねのきずも治《なお》り、体力《たいりょく》も元《もと》のようになりました。

2

ある晴《は》れた春《はる》の朝《あさ》でした。

じいさんは、おりのふたをいっぱいに開《あ》けてやりました。

残雪《ざんせつ》は、あの長《なが》い首《くび》をかたむけて、とつぜんに広《ひろ》がった世界《せかい》におどろいたようでありました。が、

バシッ。

快《こころよ》い羽音《はおと》一番《いちばん》、㋐一直線《いっちょくせん》に空《そら》へ飛《と》び上《あ》がりました。

らんまんとさいたスモモの花《はな》が、その羽《はね》にふれて、雪《ゆき》のように清《きよ》らかに、はらはらと散《ち》りました。

※らんまん…花《はな》のさきみだれるようす。

（令和二年度版　光村図書　国語五　銀河　椋《むく》　鳩十《はとじゅう》）

1

残雪《ざんせつ》は、どこで一冬《ひとふゆ》をこしましたか。

［大造じいさんのおりの中］

2

(1) 大造《だいぞう》じいさんがおりのふたをいっぱいに開《あ》けてやったのは、いつのことですか。

［ある晴れた春の朝］

(2) 大造《だいぞう》じいさんがおりのふたをいっぱいに開《あ》けてやったとき、最初《さいしょ》、残雪《ざんせつ》はどんなふうに見《み》えましたか。

［とつぜんに広がった世界におどろいた］ようであった。

(3) ㋐一直線《いっちょくせん》に空《そら》へ飛《と》び上《あ》がった残雪《ざんせつ》の羽《はね》にふれたスモモの花《はな》は、どうなりましたか。文中《ぶんちゅう》の言葉《ことば》で書《か》き出《だ》しましょう。

［雪のように清らかに、はらはらと散りました。］

65頁

大造《だいぞう》じいさんとガン (13)

名前

● 次《つぎ》の文章《ぶんしょう》を二回読《にかいよ》んで、答《こた》えましょう。

1

［大造《だいぞう》じいさんは、春《はる》になると、おりを開《あ》けて残雪《ざんせつ》をにがしてやりました。］

「おうい、ガンの㋐英雄《えいゆう》よ。おまえみたいな えらぶつ《えらいやつ》を、おれは、ひきょうなやり方《かた》でやっつけたかあないぞ。なあ、おい。㋑今年《ことし》の冬《ふゆ》も、仲間《なかま》を連《つ》れてぬま地《ち》にやって来《こ》いよ。そうして、おれたちは、また堂々《どうどう》と戦《たたか》おうじゃないか。」

※英雄《えいゆう》…ちえや力《ちから》がすぐれ、ふつうはできないようなりっぱなことをしたもの。

2

大造《だいぞう》じいさんは、花《はな》の下《した》に立《た》って、こう大《おお》きな声《こえ》でガンによびかけました。そうして、残雪《ざんせつ》が北《きた》へ北《きた》へと飛《と》び去《さ》っていくのを、晴《は》れ晴《ば》れとした顔《かお》つきで見守《みまも》っていました。

いつまでも、いつまでも、見守《みまも》っていました。

（令和二年度版　光村図書　国語五　銀河　椋《むく》　鳩十《はとじゅう》）

1

(1) ㋐英雄《えいゆう》と同《おな》じ意味《いみ》を表《あらわ》す言葉《ことば》を、文中《ぶんちゅう》から四文字《よんもじ》で書《か》き出《だ》しましょう。

［えらぶつ］

(2) ㋑今年《ことし》の冬《ふゆ》も…ぬま地《ち》にやって来《こ》いよ。とありますが、大造《だいぞう》じいさんが、残雪《ざんせつ》にもどってきてほしいのは、どうしてですか。○をつけましょう。

（○）元気《げんき》になった残雪《ざんせつ》と、また堂々《どうどう》と戦《たたか》いたいから。

（　）冬《ふゆ》の間《あいだ》は、また自分《じぶん》のおりの中《なか》で過《す》ごしてほしいから。

2

(1) 大造《だいぞう》じいさんは、どこに立《た》って、残雪《ざんせつ》によびかけましたか。

［花の下］

(2) 残雪《ざんせつ》は、どの方角《ほうがく》へ飛《と》んでいきましたか。

［北］

(3) 飛《と》び去《さ》っていく残雪《ざんせつ》を見守《みまも》る大造《だいぞう》じいさんは、どんな表情《ひょうじょう》でしたか。文中《ぶんちゅう》の言葉《ことば》で書《か》き出《だ》しましょう。

［晴れ晴れとした顔つき］

66頁

雪《ゆき》の夜明《よあ》け (1)

名前

● 教科書《きょうかしょ》の「雪《ゆき》の夜明《よあ》け」の全文《ぜんぶん》を読《よ》んだ後《あと》、次《つぎ》の文章《ぶんしょう》を二回読《にかいよ》んで、答《こた》えましょう。

1

［夜の森《もり》で、雪の巣《す》あなに、野《の》うさぎの子《こ》が、独《ひと》りぼっちでうずくまっています。白《しろ》い雪《ゆき》の色《いろ》をした野《の》うさぎの子《こ》は、母《かあ》さんとは、夏《なつ》にきつねにおそわれたときに はぐれたままです。］

「ボッ、ボウーッ。」

待《ま》ちぶせの木《き》で、ふくろうの目《め》が光《ひか》ります。ふくろうは、えものを待《ま》ちぶせしているのです。

ミシリ、ミシッ。

ひそかに雪《ゆき》をふみしめ、しのび寄《よ》る足音《あしおと》があります。風上《かざかみ》から、強《つよ》いきつねのにおいがただよってきます。㋐野《の》うさぎの子《こ》は、体中《からだじゅう》の毛《け》を逆立《さかだ》て、こおりつきました。

2

㋑〈動《うご》かないで。じっとふせてっ。〉

耳《みみ》のおくに、母《かあ》さんの声《こえ》がひびきます。

「ボッ、ボウーッ。」

ふくろうの目《め》がぴかりと光《ひか》り、つばさを広《ひろ》げて、風《かぜ》をよびます。

（令和二年度版　光村図書　国語五　銀河　今村《いまむら》　葦子《あしこ》）

1

㋐野《の》うさぎの子《こ》は…こおりつきました。について答《こた》えましょう。

① 「こおりつく」とは、どんな意味《いみ》ですか。○をつけましょう。

（　）寒《さむ》さで体《からだ》に氷《こおり》がついている様子《ようす》。

（○）こわくて身動《みうご》きできない様子《ようす》。

② 野《の》うさぎの子《こ》は、何《なに》を感《かん》じてこおりついたのですか。二《ふた》つ書《か》きましょう。（習《なら》っていない漢字《かんじ》は、ひらがなで書《か》きましょう。）

だれかが、ひそかに［雪］をふみしめ、［しのび寄る］足音《あしおと》。

風上《かざかみ》から、強《つよ》くただよってくる［きつね］のにおい。

2

㋑〈動《うご》かないで。じっとふせてっ。〉とは、何《なん》ですか。一《ひと》つに○をつけましょう。

（○）野《の》うさぎの子《こ》の耳《みみ》のおくで聞《き》こえた母《かあ》さんの声《こえ》。

（　）ふくろうが、野《の》うさぎの子《こ》によびかけた声《こえ》。

（　）きつねが、野《の》うさぎの子《こ》によびかけた声《こえ》。

67頁

雪《ゆき》の夜明《よあ》け (2)

名前

● 次《つぎ》の文章《ぶんしょう》を二回読《にかいよ》んで、答《こた》えましょう。

1

そのとき、おどすような低《ひく》いうなり声《こえ》が上《あ》がり、きばをむいたきつねが、巣《す》あなを目《め》がけておどりかかります。それより速《はや》く、野《の》うさぎの子《こ》はとびのき、㋐鉄《てっ》ぽう玉《だま》のように飛《と》び出《だ》します。

おそろしさに、体中《からだじゅう》の毛《け》が逆立《さかだ》ち、歯《は》がカチカチと鳴《な》ります。背中《せなか》にせまる、きつねの赤《あか》い口《くち》。空《そら》からは、ふくろうのするどいかぎづめがふりかかります。

※おどりかかる…勢《いきお》いよく飛《と》びかかる。

2

野《の》うさぎの子《こ》は、死《し》にものぐるいで雪《ゆき》をけります。雪《ゆき》をけって、けって、けり上《あ》げます。息《いき》の続《つづ》くかぎり雪《ゆき》をけり、前《まえ》へ、前《まえ》へと、飛《と》び出《だ》してゆきます。㋑足《あし》を止《と》めたその時《とき》が、野《の》うさぎの子《こ》の命《いのち》の終《お》わりなのです。

※死《し》にものぐるいで…必死《ひっし》で。

（令和二年度版　光村図書　国語五　銀河　今村《いまむら》　葦子《あしこ》）

1

(1) ㋐鉄《てっ》ぽう玉《だま》のように飛《と》び出《だ》します。とありますが、野《の》うさぎの子《こ》は、どんな様子《ようす》で飛《と》び出《だ》したのですか。

（○）鉄《てっ》ぽう玉《だま》のように、勢《いきお》いよく一直線《いっちょくせん》に飛《と》び出《だ》した。

（　）鉄《てっ》ぽう玉《だま》のように、火《ひ》をふいて飛《と》び出《だ》した。

(2) 野《の》うさぎの子《こ》の、背中《せなか》にせまってきた動物《どうぶつ》は、何《なん》ですか。

［きつね］

(3) 野《の》うさぎの子《こ》を、空《そら》からねらっている動物《どうぶつ》は、何《なん》ですか。

［ふくろう］

2

(1) 野《の》うさぎの子《こ》は、どんな様子《ようす》で雪《ゆき》をけっていますか。文中《ぶんちゅう》の言葉《ことば》七文字《しちもじ》で答《こた》えましょう。

［死にものぐるい］

(2) ㋑足《あし》を止《と》めた…終《お》わりなのです。とありますが、足《あし》を止《と》めると野《の》うさぎの子《こ》はどうなってしまうと考《かんが》えられますか。○をつけましょう。

（　）寒《さむ》さでこごえてしまう。

（○）きつねやふくろうにおそわれてしまう。

68頁

雪《ゆき》の夜《よ》明《あ》け (3)

名前

● 次《つぎ》の文章《ぶんしょう》を二回《にかい》読《よ》んで、答《こた》えましょう。

1

〔きつねとふくろうにねらわれた野《の》うさぎの子《こ》は、死にものぐるいで雪《ゆき》をけり、前《まえ》へ、前《まえ》へと、飛《と》び出《だ》してゆきます。〕

果《は》てもなく続《つづ》く、一面《いちめん》の雪《ゆき》の野《の》原《はら》に、一《ひと》すじの雪《ゆき》けむりがまい上《あ》がります。ふり返《かえ》るひまはありません。きつねはすぐ後《うし》ろにせまり、目《め》の前《まえ》は、立《た》ちはだかるようにそびえ立《た》つ雪《ゆき》の山《やま》です。

※立《た》ちはだかる…行《ゆ》く手《て》をさえぎる。じゃまをする。
※そびえ立《た》つ…目《め》立《だ》って高《たか》く立《た》つ。

(1) 野《の》うさぎの子《こ》は、どこを走《はし》っていますか。

果《は》てもなく続《つづ》く、一面《いちめん》の〔**雪の野原**〕。

(2) きつねがすぐ後《うし》ろにせまったとき、野《の》うさぎの子《こ》の目《め》の前《まえ》には、何《なに》がありましたか。

立《た》ちはだかるように〔**そびえ立つ雪の山**〕。

2

野《の》うさぎの子《こ》は、最後《さいご》の最後《さいご》の力《ちから》をふりしぼり、一気《いっき》にかけ上《あ》がります。そのとたん、急《きゅう》に足《あし》が軽《かる》くなりました。深《ふか》い雪《ゆき》が、野《の》うさぎの子《こ》の後《うし》ろ足《あし》を軽々《かるがる》と支《ささ》えています。追《お》いつめるきつねの細《ほそ》い足《あし》は、深《ふか》い雪《ゆき》のあなに落《お》ちていました。雪山《ゆきやま》の木《き》は、その枝々《えだえだ》で、ふくろうのつばさをこばみ、さえぎりました。

(令和二年度版　光村図書　国語五　銀河　今村　葦子)

(1) 雪《ゆき》の山《やま》をかけ上《あ》がる野《の》うさぎの子《こ》の様子《ようす》が分《わ》かる一文《いちぶん》を、文中《ぶんちゅう》から書《か》き出《だ》しましょう。

〔**野うさぎの子は、最後の最後の力をふりしぼり、一気にかけ上がります。**〕

(2) きつねの足《あし》は、どうなりましたか。

〔**深い雪のあな**〕に落《お》ちた。

(3) ふくろうのつばさをこばんで、さえぎってくれたものは、何《なん》でしたか。

〔**雪山の木**〕の枝々《えだえだ》。

68

69頁

雪《ゆき》の夜《よ》明《あ》け (4)

名前

● 次《つぎ》の文章《ぶんしょう》を二回《にかい》読《よ》んで、答《こた》えましょう。

1

野《の》うさぎの子《こ》が、雪山《ゆきやま》のてっぺんにたどり着《つ》いたとき、きつねはふもとであらい息《いき》をはき、ぼうぜんと立《た》ちつくしていました。もうふくろうのすがたも、どこにもありません。野《の》うさぎの子《こ》の耳元《みみもと》のにこ毛《げ》が、風《かぜ》にかすかにそよぎます。

※ふもと…山《やま》の下《した》の方《ほう》。
※にこ毛《げ》…やわらかい毛《け》のこと。うぶ毛《げ》。
※そよぐ…風《かぜ》で静《しず》かに動《うご》く。

(1) 野《の》うさぎの子《こ》が、雪山《ゆきやま》のてっぺんにたどり着《つ》いたとき、きつねはどこにいましたか。

〔**ふもと**〕

(2) きつねからはなれ、ふくろうが見《み》えなくなったときの、野《の》うさぎの子《こ》の様子《ようす》が分《わ》かる一文《いちぶん》を、文中《ぶんちゅう》から書《か》き出《だ》しましょう。

〔**野うさぎの子の耳元のにこ毛が、風にかすかにそよぎます。**〕

2

夜《よる》が、白々《しらじら》と明《あ》けてゆきます。遠《とお》くの山々《やまやま》があかがね色《いろ》にそまり、見《み》る間《ま》にまばゆい金色《きんいろ》にかがやきます。水《みず》の底《そこ》にしずんだように光《ひかり》を失《うしな》っていた雪《ゆき》は、しだいしだいに、雪《ゆき》の白《しろ》さを取《と》りもどし、朝《あさ》の光《ひかり》にきらめきます。雪《ゆき》の夜《よ》明《あ》けの、光《ひかり》のまほうです。

※あかがね色《いろ》…銅《どう》のように赤黒《あかぐろ》い色《いろ》。
※まばゆい…まぶしい。

(令和二年度版　光村図書　国語五　銀河　今村　葦子)

(1) 夜《よ》が明《あ》けて、遠《とお》くの山々《やまやま》はどうなりましたか。

〔**あかがね色**〕にそまり、見《み》る間《ま》に〔**まばゆい金色**〕にかがやいた。

(2) 夜《よ》が明《あ》けて、雪《ゆき》がしだいに白《しろ》さを取《と》りもどし、朝《あさ》の光《ひかり》にきらめくことを、何《なん》といっていますか。

雪《ゆき》の夜《よ》明《あ》けの、〔**光のまほう**〕

69

70頁

天気《てんき》を予想《よそう》する (1)

名前

● 次《つぎ》の文章《ぶんしょう》を二回《にかい》読《よ》んで、答《こた》えましょう。

1

新聞《しんぶん》やテレビなどで知《し》る天気《てんき》予報《よほう》は、以前《いぜん》に比《くら》べ、的中《てきちゅう》することがずいぶん増《ふ》えてきました。

㋐左《ひだり》の表《ひょう》は、翌日《よくじつ》に雨《あめ》や雪《ゆき》がふるかどうかについて、気象庁《きしょうちょう》が行《おこな》った予報《よほう》の的中率《てきちゅうりつ》を、五年《ごねん》ごとの平均《へいきん》で示《しめ》したものです。

東京地方《とうきょうちほう》の降水《こうすい》の予報精度《よほうせいど》
(5年平均《ねんへいきん》)

年《ねん》	的中率《てきちゅうりつ》(パーセント)
1971～1975	79
1976～1980	79
1981～1985	82
1986～1990	82
1991～1995	83
1996～2000	84
2001～2005	86
2006～2010	86
2011～2015	87

(気象庁資料《きしょうちょうしりょう》を再構成《さいこうせい》)

※的中《てきちゅう》…ぴったりあたること。

2

㋑これを見《み》ると、一九七〇年代《せんきゅうひゃくななじゅうねんだい》には八十《はちじっ》パーセントに満《み》たなかった的中率《てきちゅうりつ》がだんだん高《たか》くなり、二〇〇〇年《にせんねん》を過《す》ぎると八十五《はちじゅうご》パーセント以上《いじょう》になったことが分《わ》かります。

(令和二年度版　光村図書　国語五　銀河　武田　康男)

(習《なら》っていない漢字《かんじ》は、ひらがなで答《こた》えましょう。)

1

(1) 天気予報《てんきよほう》は、以前《いぜん》と比《くら》べてどうなってきたと、筆者《ひっしゃ》は述《の》べていますか。

〔**的中する**〕ことがずいぶん〔**増えて**〕きた。

(2) ㋐左《ひだり》の表《ひょう》は、何《なに》を示《しめ》したものですか。文中《ぶんちゅう》の言葉《ことば》で書《か》き出《だ》しましょう。

翌日《よくじつ》に雨《あめ》や雪《ゆき》がふるかどうかについて、〔**気象庁が行った予報の的中率を、五年ごとの平均で示したもの**〕

2

(1) ㋑これとは、何《なに》を指《さ》していますか。○をつけましょう。

(　) 新聞《しんぶん》やテレビの天気予報《てんきよほう》。
(**○**) 予報《よほう》の的中率《てきちゅうりつ》を、五年《ごねん》ごとの平均《へいきん》で示《しめ》した表《ひょう》。

(2) 表《ひょう》から、どんなことが分《わ》かりますか。

〔**的中率**〕がだんだん〔**高く**〕なったこと。

70

71頁

天気《てんき》を予想《よそう》する (2)

名前

● 次《つぎ》の文章《ぶんしょう》を二回《にかい》読《よ》んで、答《こた》えましょう。

1

〔天気予報《てんきよほう》の的中率《てきちゅうりつ》がだんだん高《たか》くなってきていることが分《わ》かりました。〕

的中率《てきちゅうりつ》は、どうして高《たか》くなったのでしょうか。それは、主《おも》に、次《つぎ》の㋐二《ふた》つの理由《りゆう》によるものといえます。

一《ひと》つは、科学技術《かがくぎじゅつ》の進歩《しんぽ》です。二〇一七年《にせんじゅうしちねん》現在《げんざい》、日本《にほん》では、約千三百《やくせんさんびゃっ》か所《しょ》にアメダスの観測《かんそく》装置《そうち》が設《もう》けられ、その地点《ちてん》の降水量《こうすいりょう》を常時《じょうじ》測定《そくてい》しています。このうち約八百四十《やくはっぴゃくよんじっ》か所《しょ》では、気温《きおん》・風向《ふうこう》・風速《ふうそく》なども観測《かんそく》します。

※アメダス…気象庁《きしょうちょう》による、ちいき気象観測《きしょうかんそく》システムのこと。
※常時《じょうじ》…いつも。

2

また、全国《ぜんこく》二十《にじっ》か所《しょ》に設置《せっち》されている気象《きしょう》レーダーは、半径《はんけい》数百《すうひゃく》キロメートル内《ない》の雨《あめ》や雪《ゆき》の分布《ぶんぷ》を電波《でんぱ》で調《しら》べています。他《ほか》にも、海洋《かいよう》での観測《かんそく》、気球《ききゅう》や人工衛星《じんこうえいせい》による上空《じょうくう》での観測《かんそく》などが、時間《じかん》を決《き》めて行《おこな》われています。

※レーダー…電波《でんぱ》を利用《りよう》して、雲《くも》などの位置《いち》や方向《ほうこう》をさがす装置《そうち》。

(令和二年度版　光村図書　国語五　銀河　武田　康男)

(習《なら》っていない漢字《かんじ》は、ひらがなで答《こた》えましょう。)

1

(1) ㋐二《ふた》つの理由《りゆう》とありますが、筆者《ひっしゃ》は、どんな問《と》いに対《たい》して、二《ふた》つの理由《りゆう》を挙《あ》げようとしていますか。文中《ぶんちゅう》から一文《いちぶん》で書《か》き出《だ》しましょう。

〔**的中率は、どうして高くなったのでしょうか。**〕

(2) ㋐二《ふた》つの理由《りゆう》のうちの一《ひと》つは、何《なん》だと筆者《ひっしゃ》は述《の》べていますか。

〔**科学技術の進歩**〕

(3) 約千三百《やくせんさんびゃっ》か所《しょ》のアメダスの観測装置《かんそくそうち》が常時《じょうじ》測定《そくてい》しているのは、何《なん》ですか。○をつけましょう。

(**○**) 降水量《こうすいりょう》
(　) 気温《きおん》・風向《ふうこう》・風速《ふうそく》

2

(1) 雨《あめ》や雪《ゆき》の分布《ぶんぷ》を電波《でんぱ》で調《しら》べているのは、何《なん》ですか。

〔**気象レーダー**〕

(2) アメダスや気象《きしょう》レーダーの他《ほか》に、どんな場所《ばしょ》での観測《かんそく》が行《おこな》われていますか。文中《ぶんちゅう》の二文字《にもじ》の言葉《ことば》で、二《ふた》つ書《か》きましょう。

〔**海洋**〕〔**上空**〕

(＊「日本《にほん》」は、「にっぽん」とも読《よ》みます。)

71

本書の解答は，あくまでもひとつの例です。児童に取り組ませる前に，必ず指導される方が問題を解いてください。指導される方の作られた解答をもとに，児童の多様な考えに寄り添って○つけをお願いします。

72頁

天気《てんき》を予想《よそう》する (3)

名前

● 次《つぎ》の文章《ぶんしょう》を二回《にかい》読《よ》んで、答《こた》えましょう。

1

日本《にほん》では、アメダスや気象《きしょう》レーダーなどの観測装置《かんそくそうち》で、降水量《こうすいりょう》、気温《きおん》・風向《ふうこう》・風速《ふうそく》、雨《あめ》や雪《ゆき》の分布《ぶんぷ》などを調《しら》べています。

これらの観測《かんそく》で得《え》た情報《じょうほう》は、気象庁《きしょうちょう》のスーパーコンピュータに送《おく》られ、何種類《なんしゅるい》もの予想図《よそうず》が作成《さくせい》されます。科学技術《かがくぎじゅつ》の進歩《しんぽ》によって、観測装置《かんそくそうち》やスーパーコンピュータの性能《せいのう》、情報《じょうほう》を伝達《でんたつ》する仕組《しく》みがすぐれたものになり、㋐より速《はや》く、正確《せいかく》に予想《よそう》ができるようになってきたのです。

※性能《せいのう》…道具《どうぐ》や機械《きかい》の性質《せいしつ》や能力《のうりょく》。

2

もう一《ひと》つの理由《りゆう》は、国際的《こくさいてき》な協力《きょうりょく》の実現《じつげん》です。日本《にほん》の天気《てんき》の変化《へんか》には、遠《とお》くはなれた陸地《りくち》や海上《かいじょう》の状態《じょうたい》がえいきょうします。そのため、㋑地球全体《ちきゅうぜんたい》の大気《たいき》の様子《ようす》を知《し》る必要《ひつよう》があり、国境《こっきょう》をこえた取《と》り組《く》みが不可欠《ふかけつ》なのです。

※不可欠《ふかけつ》…なくてはならないこと。絶対《ぜったい》に必要《ひつよう》なこと。

（令和二年度版　光村図書　国語五　銀河　武田《たけだ》　康男《やすお》）

1 （習《なら》っていない漢字《かんじ》は、ひらがなで答《こた》えましょう。）

(1) 観測《かんそく》で得《え》た情報《じょうほう》をもとに、スーパーコンピュータで作成《さくせい》されるものは、何《なん》ですか。

（何種類もの予想図）

(2) ㋐より速《はや》く、正確《せいかく》に予想《よそう》ができるようになってきたのは、科学技術《かがくぎじゅつ》の進歩《しんぽ》によって、何《なに》がすぐれたものになったからですか。二《ふた》つ書《か》きましょう。

観測装置《かんそくそうち》やスーパーコンピュータの（性能）。

情報《じょうほう》を伝達《でんたつ》する（仕組み）。

2

(1) 的中率《てきちゅうりつ》がだんだん高《たか》くなってきたもう一《ひと》つの理由《りゆう》に、筆者《ひっしゃ》は何《なに》を挙《あ》げていますか。

（国際的な協力の実現）

(2) ㋑地球全体《ちきゅうぜんたい》の大気《たいき》の様子《ようす》を知《し》る必要《ひつよう》があるのは、どうしてですか。

日本《にほん》の天気《てんき》の変化《へんか》には、（遠くはなれた陸地や海上の状態）がえいきょうするから。

（＊「日本《にほん》」は、「にっぽん」とも読《よ》みます。）

72

73頁

天気《てんき》を予想《よそう》する (4)

名前

● 次《つぎ》の文章《ぶんしょう》を二回《にかい》読《よ》んで、答《こた》えましょう。

1

二〇一七年現在《にせんじゅうしちねんげんざい》、気球《ききゅう》による観測《かんそく》は、世界約八百《せかいやくはっぴゃっ》か所《しょ》で同時刻《どうじこく》に行《おこな》われています。また、十機《じっき》ほどの静止《せいし》気象衛星《きしょうえいせい》が、赤道上空約三万六千《せきどうじょうくうやくさんまんろくせん》キロメートルから、地球《ちきゅう》をおおっている雲《くも》などを観測《かんそく》しています。

日本《にほん》は、そのうちの二機《にき》の管理《かんり》・運営《うんえい》を受《う》け持《も》っていますが、他《ほか》の衛星《えいせい》からも情報《じょうほう》を受《う》け取《と》っています。このような㋐国際的《こくさいてき》な協力《きょうりょく》が進《すす》んだことで、より多くの情報《じょうほう》をもとにした、天気《てんき》の予想《よそう》が可能《かのう》になったのです。

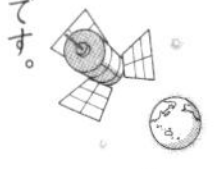

※静止気象衛星《せいしきしょうえいせい》…気象観測《きしょうかんそく》を目的《もくてき》とする人工衛星《じんこうえいせい》。

2

では、さらに科学技術《かがくぎじゅつ》が進歩《しんぽ》し、国際的《こくさいてき》な協力《きょうりょく》が進《すす》めば、天気予報《てんきよほう》は百《ひゃく》パーセント的中《てきちゅう》するようになるのでしょうか。それは㋑かなりむずかしいというのが、現在《げんざい》のわたしの考《かんが》えです。

（令和二年度版　光村図書　国語五　銀河　武田《たけだ》　康男《やすお》）

1 （習《なら》っていない漢字《かんじ》は、ひらがなで答《こた》えましょう。）

(1) 二〇一七年現在《にせんじゅうしちねんげんざい》、世界約八百《せかいやくはっぴゃっ》か所《しょ》で同時刻《どうじこく》に行《おこな》われているのは、何《なに》による観測《かんそく》ですか。

（気球）

(2) 赤道上空約三万六千《せきどうじょうくうやくさんまんろくせん》キロメートルから、地球《ちきゅう》をおおっている雲《くも》などを観測《かんそく》しているのは、何《なん》ですか。

（静止気象衛星）

(3) ㋐国際的《こくさいてき》な協力《きょうりょく》が進《すす》んだことで、何《なに》が可能《かのう》になりましたか。

（より多くの情報をもとにした、天気の予想）

2 ㋑かなりむずかしいとありますが、筆者《ひっしゃ》は、何《なに》がむずかしいと考《かんが》えていますか。

さらに（科学技術）が進歩《しんぽ》し、（国際的な協力）が進《すす》めば、（天気予報）が百《ひゃく》パーセント的中《てきちゅう》するようになること。

73

74頁

言葉《ことば》のたから箱《ばこ》 (1)

名前

(1) 次《つぎ》の言葉《ことば》と反対《はんたい》の意味《いみ》を表《あらわ》す言葉《ことば》を□から選《えら》んで書《か》きましょう。

① せっかち ↕ （のんき）

② ひかえめ ↕ （おおげさ）

③ すがすがしい ↕ （うっとうしい）

・おおげさ　・うっとうしい　・のんき

(2) 次《つぎ》の文《ぶん》を読《よ》んで――線《せん》の言葉《ことば》の意味《いみ》に合《あ》うものに○をつけましょう。

① 兄《あに》は、ごうかいに笑《わら》った。

（　）ひっそりと目立《めだ》たないようにしているようす。

（○）のびのびと力強《ちからづよ》く、気持《きも》ちのいいようす。

② 弟《おとうと》は、みんなの前《まえ》でいさぎよく謝《あやま》った。

（○）思《おも》い切《き》りがよく、りっぱに。

（　）いやいやと、しかたなさそうに。

③ 母《はは》は、少《すこ》し心配《しんぱい》しょうだ。

（　）人《ひと》の世話《せわ》をするのが好《す》きな性格《せいかく》。

（○）ちょっとしたことまで気《き》になって、心配《しんぱい》する性格《せいかく》。

74

75頁

言葉《ことば》のたから箱《ばこ》 (2)

名前

(1) 次《つぎ》の言葉《ことば》とよくにた意味《いみ》を表《あらわ》す言葉《ことば》を□から選《えら》んで書《か》きましょう。

① がんこ （かたくな）

② おっとり （おおらか）

③ 向《む》こう見《み》ず （むてっぽう）

・むてっぽう　・おおらか　・かたくな

(2) 次《つぎ》の文《ぶん》の（　）にあてはまる言葉《ことば》を□から選《えら》んで書《か》きましょう。

①
㋐ （とてつもない）大《おお》きさの魚《さかな》がつれた。

㋑ 食後《しょくご》に（みずみずしい）ももを食《た》べた。

みずみずしい　・　とてつもない

②
㋐ かんとくの（型破り）な作戦《さくせん》にみんながおどろいた。

㋑ 料理《りょうり》を（余計）に注文《ちゅうもん》しすぎて、食《た》べきれない。

余計《よけい》　・　型破《かたやぶ》り

75

76頁

言葉《ことば》のたから箱《ばこ》 (3)

名前

(1) 次《つぎ》の心情《しんじょう》を表《あらわ》す言葉《ことば》とよくにた意味《いみ》を表《あらわ》す言葉《ことば》を□から選《えら》んで書《か》きましょう。

① 快《こころよ》い （気持ちがよい）

② まごつく （うろたえる）

③ 印象深《いんしょうぶか》い （きおくに残る）

・うろたえる　・きおくに残《のこ》る　・気持《きも》ちがよい

(2) 次《つぎ》の文《ぶん》を読《よ》んで——線《せん》の言葉《ことば》の意味《いみ》に合《あ》うものに○をつけましょう。

① むねがすくような勝利《しょうり》に、みんなが喜《よろこ》んだ。

（○）すかっとする。

（　）ほっとする。

② 姉《あね》の言葉《ことば》を聞《き》いて、父《ちち》があたふたするのを見《み》た。

（○）あわててさわぐ。

（　）頭《あたま》にきておこる。

③ 有名《ゆうめい》な音楽家《おんがくか》の演《えん》そうにほれぼれする。

（　）期待《きたい》はずれで、がっかりする。

（○）強《つよ》く心《こころ》を引《ひ》かれて、うっとりする。

77頁

言葉《ことば》のたから箱《ばこ》 (4)

名前

(1) 次《つぎ》の文《ぶん》を読《よ》んで、——線《せん》の言葉《ことば》の意味《いみ》に合《あ》うものに○をつけましょう。

① 先生《せんせい》の話《はなし》を聞《き》いて、クラス全体《ぜんたい》がしんみりした。

（　）にぎやかでさわがしいようす。

（○）さびしく静《しず》かなようす。

② 雨《あめ》が続《つづ》いて、うんざりする。

（○）あきあきして、いやになるようす。

（　）うきうきと、楽《たの》しくなっているようす。

(2) 次《つぎ》の文《ぶん》の（　）にあてはまる言葉《ことば》を□から選《えら》んで書《か》きましょう。

①

㋐ 入院中《にゅういんちゅう》の妹《いもうと》のことを考《かんが》えると、（むねがいたむ）。

㋑ 父《ちち》からのうれしい知《し》らせに（むねが高なる）。

むねが高《たか》なる　・　むねがいたむ

②

㋐ 弟《おとうと》のひざのきずあとが（いたいたしい）。

㋑ トランプで妹《いもうと》に負《ま》けて（いまいましい）。

いまいましい　・　いたいたしい

喜楽研の支援教育シリーズ
ゆっくり　ていねいに学べる
国語教科書支援ワーク 5-② 光村図書の教材より抜粋

2023年3月1日

原稿検討：中村　幸成
イラスト：山口　亜耶　他
表紙イラスト：鹿川　美佳
表紙デザイン：エガオデザイン
企画・編著：原田　善造・あおい　えむ・今井　はじめ・さくら　りこ・中田　こういち
なむら　じゅん・ほしの　ひかり・堀越　じゅん・みやま　りょう（他4名）
編集担当：中川　瑞枝

発行者：岸本　なおこ
発行所：喜楽研（わかる喜び学ぶ楽しさを創造する教育研究所：略称）
〒604-0827　京都府京都市中京区高倉通二条下ル瓦町 543-1
TEL 075-213-7701　FAX 075-213-7706　HP https://www.kirakuken.co.jp
印刷：株式会社米谷

ISBN : 978-4-86277-394-4

Printed in Japan

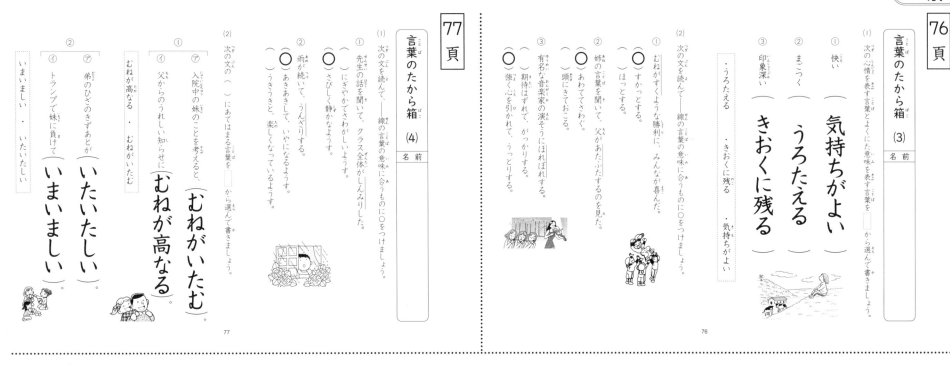